HISTOIRE

DU

CHATEAU DE BRUGNY

L'UN DES SITES LES PLUS REMARQUABLES DU DÉPARTEMENT DE LA MARNE

DEPUIS LE XVe SIÈCLE JUSQU'A NOS JOURS

Par Armand BOURGEOIS

PERCEPTEUR A PIERRY
MEMBRE DE LA SOCIÉTÉ FRANÇAISE D'ARCHÉOLOGIE, ET DE LA SOCIÉTÉ D'AGRICULTURE, COMMERCE,
SCIENCES ET ARTS DU DÉPARTEMENT DE LA MARNE.

Œuvre honorée d'une Médaille de bronze par la Société d'Agriculture, Commerce, Sciences et Arts du département de la Marne, dans sa séance solennelle du 24 août 1881, et illustrée d'une jolie Vue du Château.

Etiamsi omnes, ego non.

CHALONS-SUR-MARNE
IMPRIMERIE-LIBRAIRIE T. MARTIN,
PLACE DU MARCHÉ-AU-BLÉ, 30.

1883

LE

CHATEAU DE BRUGNY

Château de BRUGNY (Marne) coté Nord-Est.

HISTOIRE

DU

CHATEAU DE BRUGNY

L'UN DES SITES LES PLUS REMARQUABLES DU DÉPARTEMENT DE LA MARNE

DEPUIS LE XVe SIÈCLE JUSQU'A NOS JOURS

Par Armand BOURGEOIS

PERCEPTEUR A PIERRY
MEMBRE DE LA SOCIÉTÉ FRANÇAISE D'ARCHÉOLOGIE, ET DE LA SOCIÉTÉ D'AGRICULTURE, COMMERCE, SCIENCES ET ARTS DU DÉPARTEMENT DE LA MARNE.

Œuvre honorée d'une Médaille de bronze par la Société d'Agriculture, Commerce, Sciences et Arts du département de la Marne, dans sa séance solennelle du 24 août 1881, et illustrée d'une jolie Vue du Château.

Etiamsi omnes, ego non.

CHALONS-SUR-MARNE
IMPRIMERIE-LIBRAIRIE T. MARTIN,
PLACE DU MARCHÉ-AU-BLÉ, 50.

1883

A Madame la Comtesse

GÉDÉON DE CLERMONT-TONNERRE

Hommage profondément respectueux
de l'auteur.

AVANT-PROPOS.

Que le lecteur veuille bien nous permettre quelques digressions, avant de pénétrer dans le cœur de notre travail historique !

Il ne nous semble pas qu'on soit souvent entré dans de grands détails, quant aux us et coutumes de l'époque féodale, surtout dans les siècles éloignés où ils s'exerçaient plus pleinement que pendant les cinquante dernières années, par exemple, qui ont précédé la Révolution française.

Il est cependant du plus grand intérêt de suivre les rapports qui existaient alors entre les seigneurs et les vassaux, de se rendre compte enfin du *modus vivendi* qui régissait le manoir d'un côté, la paroisse de l'autre.

Mais, nous devons le dire à l'avance, on ne doit pas s'attendre, de la part de l'auteur, à des commentaires qui approuvent, absolvent ou condamnent. Non, son seul objectif sera de rendre fidèlement l'histoire, selon les documents authentiques qui lui sont passés par les mains, vieux parchemins et autres, trouvés dans les archives de Brugny.

Rien ne rendra donc mieux, pour ainsi dire, témoin des faits et gestes d'une société aujourd'hui disparue, du moins en partie, qu'une histoire locale embrassant plusieurs générations féodales. C'est pourquoi, dans l'espèce, les archives du château de Brugny permettent de reconstituer presque toute une époque

Or, sur bien des points, ce qui sera au particulier, sera de nature à s'appliquer au général. En d'autres termes, ce qu'on verra se produire dans une seigneurie pourra donner la mesure des usages généraux de l'époque relatée.

Il eût pu paraître pénible, à première vue, de déchiffrer, de pressurer ces caractères gothiques, effacés ou jaunis par l'âge, pour en faire sortir le langage du vieux temps et revivre une époque disparue. Mais pénible est-il bien le mot, quand on songe aux jouissances infinies que procurent au chercheur ses découvertes?

Ceci dit, il ne nous reste plus qu'à nous faire l'historien, non seulement du château de Brugny, mais encore des différentes phases de la féodalité, dont il n'est pas un des moindres représentants. Nous nous efforcerons, autant que possible, de mener cette tâche à bien, et si nous obtenons ce résultat, nous le devrons, à la fois, à la richesse des archives du château et à l'exquise bienveillance du châtelain actuel, M. le comte Gédéon de Clermont-Tonnerre, qui les a mises à notre entière disposition.

Ces archives, en tant que manuscrites, ne remontent pas au-delà du XIVe siècle. S'il en reste beaucoup, infiniment plus encore ont disparu à la suite de guerres ou d'incendies. Il en résultera, sans doute, plus d'une lacune que nous devons signaler ici, afin d'éviter le reproche du décousu qui semblerait s'être glissé dans notre travail.

HISTOIRE

DU

CHATEAU DE BRUGNY

CHAPITRE Ier.

Aperçus descriptifs du château de Brugny.

Quel est celui qui ne se sent attiré vers tout témoin des anciens âges, et, à ce titre, nous revendiquons une large place pour le château de Brugny? C'est ce dont le lecteur sera appelé à juger, lorsque défilera devant lui toute une longue suite d'illustres possesseurs.

Lorsque le voyageur quitte Epernay, se dirigeant sur la route de Montmirail, quel site frappe ses regards, dès qu'il a dépassé Moussy? Ce sont les tours du château de Brugny, apparaissant obliquement sur sa gauche, comme un nid à demi caché dans le feuillage, et comme perdues dans un enfoncement de forêt. Ce château est bâti à mi-versant d'une colline regardant la vallée du Sourdon, et la nature s'est complu à lui faire un cadre des plus pittoresques.

Traçons donc l'itinéraire pour s'y rendre : à gauche de la route de Montmirail, toujours dans le sens oblique, existe, à un endroit appelé la *Pointe-à-Pître*, une bifurcation qui n'est autre que la route de Sézanne. On la suit l'espace de deux kilomètres, puis on voit se détacher l'intéressant profil du château de Brugny. On rencontre enfin, à sa droite, une grille ouvrant sur une jolie avenue qui serpente, et dont le coude très prononcé, ainsi qu'un groupe d'arbres gigantesques, masque le château distant de quelques pas. Dans ce parcours, l'oreille se trouve délicieusement bercée par le murmure d'un clair et frétillant ruisseau aux méandres capricieux. Au-dessus, s'étage un beau parc en amphithéâtre, avec de vastes pelouses qui le précèdent.

Si le visiteur veut bien nous suivre, nous parcourrons ensemble les appartements du château, remarquables à plus d'un titre. Envisageons d'abord le grand salon, bas d'étage, mais à poutrelles anciennes, où nous admirerons des meubles anciens, de beaux portraits de famille, des panneaux délicieusement peints, de fines miniatures sur émail, représentant divers personnages. Nous citerons comme portraits de famille, celui de la marquise de Chauvelin, grand'mère du propriétaire actuel, belle copie, d'après le portrait original, par Greuze. Elle était femme du marquis Claude de Chauvelin, mort en 1774, après avoir servi en Italie et en Flandre, être devenu ambassadeur à Gênes et à Turin, et avoir passé la fin de sa vie à la cour, dans l'intimité de Louis XV. Son père, le marquis Louis de Chauvelin, avait été garde des sceaux et secrétaire d'Etat aux affaires étrangères.

Puisque nous nous arrêtons aux portraits, citons aussi le portrait de César de Maizières, en costume Louis XV (la pierre tombale de ce seigneur se voit encore dans l'église de Brugny[1]), puis celui de Anne du Hautoy, sœur du prédécesseur. Ces deux portraits sont de l'époque, ainsi que leurs cadres dorés; ils ornent la salle à manger, ainsi qu'une belle marine donnée par l'Etat pour haut fait d'armes d'un Vaudreuil.

---

[1] Cette pierre, qui relate l'alliance de la maison de Maizières avec celle de Condé, a été restaurée admirablement, en 1870, par les soins pieux de M. le baron de Condé, leur descendant, possesseur de l'intéressant château de Montataire (Oise).

Le second salon est vraiment remarquable avec ses lambris, ses portiques, ses peintures dont le style s'inspire du gothique. Rien de plus original que tous ces caissons à moulures et à lignes peintes de différents tons, qui forment le plafond. Cette pièce était l'ancienne entrée du château par le pont-levis : on voit encore ses appuis, la poterne ; et la large voûte qui le sépare en deux servait alors d'entrée pour la cour, avant la restauration du château, augmenté d'une galerie. Ses fenêtres, à larges baies, ouvrent sur un canal qui, alimenté par des eaux vives, et large de 7 à 8 mètres, règne sur une longueur d'environ 50 mètres. De ce point, la vue s'étend sur un site des plus accidentés, formé de vallons, de prairies, de coteaux, de vignes et de forêts.

Nous passons dans la salle à manger, ornée d'un buffet monumental, au style sévère, de beaux meubles anciens, sculptés, ainsi que des superbes portraits mentionnés plus haut.

Un large escalier, avec rampe en fer forgé, ancienne, conduit aux chambres et à la chapelle. Cette dernière offre de remarquables vitraux du XVe siècle, et un tableau représentant ceux des membres de l'illustre famille des Clermont-Tonnerre, qui, depuis les temps les plus reculés, ont appartenu à la vie religieuse, et comptent neuf saints et saintes canonisés.

Parmi les chambres, il faut surtout citer celle dite d'Henri IV, habitée par ce roi, après le siège d'Epernay ; on y voit un lit en satin brodé de cette époque, et qui passe pour être celui où coucha ce grand prince.

Les autres chambres, qui ne sont pas non plus sans intérêt, ont de particulièrement ravissant la vue panoramique que je signalais déjà tout-à-l'heure.

Il nous faut signaler encore un cabinet de travail où, indépendamment de vieilles armes, se trouve notamment un représentant de la pénalité du moyen âge, nous voulons parler d'un vieux collier de fer appelé le carcan.

Après être sorti des appartements, il ne nous reste plus qu'à jeter un coup d'œil sur la façade extérieure qui regarde la vallée du Sourdon. Elle se compose de deux tours, l'une ronde, l'autre carrée avec échauguettes ; toutes deux, reliées par un corps-de-logis principal, baignent leur pied dans les larges fossés déjà cités. Elles sont d'aspect imposant, et nous reportent en leurs parties sculpturales et architecturales à l'époque du XVe siècle. Une tour carrée du XIIIe siècle, séparée du château, subsiste seule de l'époque précédant celle où un incendie détruisit le château pendant la guerre de Cent ans ; elle s'y reliait jusqu'au commencement de ce siècle par une enceinte crénelée.

Le parc mérite aussi une mention ; ses percées sur des points de vue ravissants, des rochers, des arbres séculaires, des pentes escarpées, de belles avenues, une source qui donne naissance au ruisseau de Vaudancourt et traverse une immense pelouse, en affectant maintes sinuosités, ne contribuent pas peu à son coup d'œil pittoresque.

Nous demandons pardon au lecteur de nous être aussi longtemps complu dans la partie descriptive du château de Brugny ; mais s'il le connaissait comme nous, il nous accorderait bien vite les circonstances atténuantes.

CHAPITRE II.

Des familles seigneuriales qui ont passé au château de Brugny, jusqu'à ce jour inclusivement.

Avant d'entrer dans des détails de foi et hommage, aveu et dénombrement, auxquels les seigneurs étaient tenus autrefois vis-à-vis leurs suzerains, qu'il nous soit permis d'embrasser en un seul chapitre la nomenclature des familles qui se sont succédé dans la seigneurie de Brugny.

Nous pouvons en outre énumérer les autres points que nous nous proposons de traiter.

Dans différents partages de famille comme dans d'autres transactions, l'on trouve des renseignements sur la noblesse de la contrée avant 1789. Nous nous sommes empressé de les recueillir au passage, parce qu'ils renferment en eux-mêmes quelque partie historique.

Ce qui ne saurait manquer d'être instructif, ce sont les applications de droit féodal, c'est un aperçu de la jurisprudence forestière d'alors, dont nous avons emprunté tous les éléments à ces intéressantes archives. Là encore l'histoire locale trouvera son compte.

Enfin, au cours de notre travail, nous aurons l'occasion d'intercaler plus d'une particularité curieuse ou historique sur une époque qui s'est vue si brusquement et si singulièrement transformée depuis tantôt un siècle.

Nous passons maintenant à la partie généalogique des seigneurs de Brugny.

Particularité digne de remarque, le château de Brugny n'a jamais été vendu, puisque depuis son origine même ses possesseurs se sont simplement succédé par échange, donation ou héritage.

Le premier seigneur de Brugny qui nous apparaisse ici, remonte au XIIe siècle.

C'est Gui 1er de Châtillon, comte de Saint-Pol. Il eut une fin glorieuse, en périssant (1226) au siège d'Avignon. En dehors de ce fait, nous citerons son mariage avec Agnès, comtesse de Nevers et d'Auxerre, veuve en premières noces de Philippe de France, fils du roi Louis VIII et frère aîné de saint Louis. — Agnès elle-même ne le cédait en rien à cette illustre origine, étant issue de sang royal par sa mère, Mahant de Courtenay, dont le père, Pierre II de Courtenay, avait pour aïeul paternel le roi Louis VI.

Nous voyons Gui de Châtillon laisser deux enfants, Gaucher, mort sans postérité, et Yolande, qui hérita de son frère les comtés de Nevers, Auxerre, Tonnerre et entr'autres fiefs celui de Brugny.

Elle épousa Archambaud de Bourbon. De ce mariage naquit Agnès de Bourbon, qui devint plus tard la femme de Jean de Bourgogne et la mère de Béatrix de Bourgogne.

Cette dernière épousa à son tour Robert de Clermont, le plus jeune des enfants de saint Louis. Elle devient donc pour ainsi dire le point de départ d'une des plus illustres familles princières de l'Europe, par le fait d'avoir apporté en dot à son mari la seigneurie de Bourbon, érigée en duché-pairie pour leur fils, Louis de Bourbon. Or, comme on le sait, c'est Louis de Bourbon qui devait donner son nom à l'illustre maison de France.

D'autre part Mahaut de Bourbon, fille aînée d'Archambaud, épousa en 1247 Eudes de Bourgogne, que cette union fit devenir seigneur de Brugny. Il laissa ce fief avec le comté de Nevers à l'aînée de ses enfants, Yolande de Bourgogne, mariée d'abord à Jean de France, fils de saint Louis et mort avec le roi son père, en 1270, au camp devant Tunis; puis, en 1271, à Robert III, comte de Flandre, veuf de Blanche de France-Sicile.

Neuf ans après son deuxième mariage, Yolande de Bourgogne périt d'une mort épouvantable. Si l'on en croit, en effet, les vieilles chroniques, le comte de Flandre étrangla sa femme par jalousie, le 20 juin 1280, avec un nœud de bride.

Quarante ans après, Robert de Flandre, que le remords avait saisi, échangea, contre des terres que Geoffroy de Naast possédait au comté de Flandre, le fief de Brugny en Champagne, dont le nom lui rappelait une si terrible exécution !

L'acte de cet échange, sur parchemin, existe encore dans les archives du château de Brugny. Il en sera parlé plus loin.

A Geoffroy de Naast succéda Philippe de Terriers, seigneur de Saint-Mars, par suite de son alliance avec Béatrix de Naast. Dans la guerre de Cent ans, le château de Brugny, appartenant à Hugues de Saint-Mars, fut en très grande partie détruit. Tantôt les Bourguignons, alliés de l'Anglais, tantôt les Français s'étaient arraché cette vieille forteresse, dont la ruine fit place à l'intéressant château actuel, qui a été très intelligemment restauré, il y a quelques années. Aussi peut-il être regardé à juste titre comme un des châteaux les plus historiques de la Champagne.

Nous atteignons la moitié du XVe siècle, quand Brugny passe dans la maison de Saint-Blaise par le mariage d'Anne de Saint-Mars avec Robert de Saint-Blaise. Une fois entré dans cette famille, nous l'y voyons rester l'espace de deux siècles, pendant lesquels les Saint-Blaise-Brugny, barons de Troissy et de Changy, s'allient aux nobles maisons de Champagne, de Bourgogne et de Picardie : Beaufort, Condé-Vandières, Miremont, Englebelmer, la Croix-Plancy, Mondésir, etc.

Nous devons dire ici qu'au milieu des guerres de religion, les seigneurs de Brugny se signalèrent par leur fidélité royaliste. Oger de Saint-Blaise notamment s'attacha à la fortune de

Henri IV, qui sut d'ailleurs après la victoire reconnaître les services de son brave compagnon d'armes.

Sa petite-fille, Guyonne de Saint-Blaise, dame de Brugny, épousa Claude de la Croix, baron de Plancy et en eut un fils du nom de Claude également et qui devint vicomte de Brugny. Ce dernier laissa une veuve, qui hérita de lui le château de Brugny et épousa en secondes noces Nicolas du Hautoy. De ce seigneur elle eut un fils, Roch du Hautoy, devenu à son tour vicomte de Brugny. Il s'unit à Anne de Maizières dont il n'eut point d'enfants, et il mourut le premier.

Après lui la seigneurie de Brugny passa à sa femme. Elle mourut en 1720, laissant pour héritière sa mère, qui céda Brugny à César de Maizières, son fils aîné.

Nous arrivons tout naturellement ainsi au possesseur actuel de ce château.

César de Maizières, comte de Brugny, mourut en 1759, et ce fut à sa fille aînée, la marquise d'Estourmel, qu'échut le château de Brugny. Nous aurons encore l'occasion de parler de sa seconde fille, la marquise de Vignacour.

La marquise d'Estourmel mourut en 1788, laissant deux filles, Anne d'Estourmel, mariée au comte de la Vaulx, et Victoire Césarine d'Estourmel, épouse du marquis de Clermont-Tonnerre, auquel elle apporta en dot le manoir et le comté de Brugny.

Ces divers possesseurs nous amènent à parler de la maison d'Estourmel et à clore ce chapitre par quelques mots sur la maison de Clermont, possesseur actuel du château de Brugny.

La maison d'Estourmel descend de Raimbold, dit Creton, sire d'Estourmel, qui monta le premier à l'assaut des remparts de Jérusalem.

Le chef actuel de cette maison, M. le marquis Raimbold d'Estourmel, ancien député, habite le château de Suzanne, en Picardie.

Nous vantions tout à l'heure la longue possession du manoir de Brugny par les de Saint-Blaise. Il n'est pas hors de propos de faire remarquer que, depuis un siècle, il n'est plus sorti de la maison de Clermont-Tonnerre.

La maison de Clermont-Tonnerre est issue des barons souverains de Clermont en Dauphiné. En remontant aux Croisades, on voit quelques-uns de ses membres y tenir une conduite brillante. Elle vit ériger en sa faveur les titres de duc et pair de France, de prince du Saint-Empire. Elle eut même l'honneur, au XIIe siècle, de rétablir sur son trône le pape Calixte II. Enfin elle compte nombre d'hommes illustres, tels qu'un maréchal de France, un grand-maître des eaux et forêts de France, des cardinaux, des préfets, des chevaliers des ordres du roi, un grand-maître de l'ordre souverain de Saint-Jean de Jérusalem, des officiers généraux, etc.

L'auteur a voulu seulement dans ce chapitre résumer à grands traits la suite du nobiliaire de Brugny ; il reviendra à la maison de Clermont-Tonnerre dans un chapitre spécial, qui clôturera son œuvre. Cette maison appartient trop à l'histoire de notre France pour que nous craignions d'être taxé de partialité, par le lecteur attentif.

Il nous le faut répéter : si nous menons à bien cette entreprise, au moins au point de vue de l'intérêt historique, qui sera incontestable, nous le devrons surtout à la parfaite aménité de M. le comte Gédéon de Clermont-Tonnerre, qui a tout fait pour nous faciliter notre tâche.

CHAPITRE III.

Actes de foy et hommage de la terre et seigneurie de Brugny à différentes époques.

Nous allons passer en revue ces actes féodaux, foy et hommage, aveux et dénombrements, de la terre de Brugny, autant pour donner connaissance du langage et de la rédaction de l'époque, que des titres de noblesse attachés à chaque roi, prince ou seigneur, et pouvant encore mettre en évidence telle ou telle famille de la contrée. Nous citerons donc de temps à autre, dans ce but, des fragments offrant une donnée historique.

Qu'appelait-on foi et hommage? C'était l'acte de reconnaissance que le vassal devait adresser à son seigneur. Or, nous allons donner, en en suivant la nomenclature, divers actes de foi et hommage trouvés à Brugny.

§ 1. — *21 Avril 1571* (*sur parchemin*). — Foy-hommage à Philippe d'Orléans, comte de Champagne, par « amé et féal Guillaume de Terriers, seigneur de Saint-Mars, de son chastel-tour de Brugny, qui est de l'héritage de dame Béatrix de Naast, sa femme. »

C'est avec le père de cette dernière qu'eut lieu cet échange, dû sans doute à l'événement dramatique que l'on sait, à la suite duquel Robert de Flandre, chevalier, comte de Flandre, lui céda sa terre de Brugny en Champagne et dépendances, à charge de l'hommage et contre échange de la terre que Geoffroy de Naast possédait en Flandre.

§ 2. — *28 mai 1477 (sur parchemin).* — Foy-hommage des terres de Brugny, Chavost, Vinai, Cramant, et de Mutry et Fontaine, etc., à Charles, comte d'Angoulesme, par Loys de Saint-Blaise, tant en son nom que comme ayant le gouvernement de Huet et Jehanne, mineurs, enfants de feu Robert de Beaufort et de damoiselle Jehanne de Saint-Blaise, ses neveu et nièce.

§ 3. — *4 septembre 1481 (sur parchemin).* — Foy-hommage des terres de Brugny, Fontaine et Mutry, au comte d'Angoulesme, par Charles de la Ramée, tuteur des enfants de Loys de Saint-Blaise, dont il avait épousé la veuve, damoiselle Perette de Lescot.

§ 4. — *22 juillet 1502 (sur parchemin).* — Foy-hommage à Madame Loyse, comtesse d'Angoulesme, dame d'Espernay, par Ogier de Saint-Blaise, pour les terres de Brugny, Fontaine et la moitié de Mutry.

§ 5. — *4 novembre 1517 (sur parchemin).* — Foy-hommage à Madame Loyse, mère du roy, par Ogier de Saint-Blaise, écuyer.

Cet acte commence ainsi : « Jehan Olinier, notaire et secrétaire du Roy, seigneur de Mancy et de Morangis, commissaire délégué et député par très haulte et puissante dame, Madame Loyse, mère du roy, duchesse d'Angoulmois et d'Anjou, comtesse du Maine et dame d'Espernay, à recevoir les foys et hommages de ses vasseaux en sa chastellenie dudit Espernay, à tous ceulx qui ces pntes (présentes) lettres verront, salut. Sçavoir faisons, etc. »

§ 6. — *9 mars 1534 (sur parchemin).* — Foy-hommage au roy, par Loys de Saint-Blaise et ses frères, des terres de Brugny et de Fontaine. Cet acte fut suivi d'un arrêté de la Chambre des Comptes sur ladite foy (10 mars 1534).

§ 7. — *24 octobre 1550 (sur parchemin).* — Foy-hommage au roy, par Loys de Saint-Blaise, des terres de Brugny, Vinay, Vaudancourt et Courcourt.

§ 8. — *18 novembre 1575* (*sur parchemin*). — Foy-hommage de la terre de Brugny, rendu à Epernay au duc d'Alençon et à la reine d'Ecosse, douairière de France, par Ogier de Saint-Blaise et Jehanne de Saint-Blaise, seigneur et dame de Troissy.

§ 9. — *4 juillet 1579* (*sur parchemin*). — Foy-hommage à Monsieur, frère du roi, par Ogier de Saint-Blaise, pour la terre de Brugny, etc.

§ 10. — *17 août 1610* (*sur parchemin*). — Foy-hommage au roi par François de Saint-Blaise, pour la baronnie de Troissy et pour Chavost et Dieudonné.

Il sera expliqué plus loin ce qu'était Dieudonné.

Il doit y avoir plus d'une lacune dans toutes ces *foy et hommage*; enfin, malgré tout le soin apporté à parcourir ces différentes archives, nous n'avons trouvé rien de plus à citer que le petit fait suivant, qui démontre que la foy et hommage n'était pas une vaine formalité. Ainsi le 13 juin 1695, il fut notifié au seigneur de Brugny la saisie féodale des deux tiers de la terre et seigneurie de Brugny, faute d'hommage au duc de Bouillon.

Au tour des aveux et dénombrements, qui nous fourniront des détails bien autrement variés et étendus.

CHAPITRE IV.

Aveux et dénombrements de la même Terre et Seigneurie.

L'aveu et dénombrement était, en Droit féodal, un acte passé devant notaire royal, scellé et signé, aux termes duquel le vassal avouait qu'il était soumis, lui et son fief, à son seigneur et entrait dans le détail des redevances et droits attachés à ce fief.

§ 1. — *20 mai 1362 et 16 octobre 1365.* — On voit à ces dates trois dénombrements rendus à la couronne par Philippe de Terriers, seigneur de Saint-Mars et Brugny, et Béatrix de Naast, sa femme, et Gérard de Naast, chacun de leur part de la seigneurie de Brugny.

§ 2. — *14 janvier 1538 (sur parchemin).* — Loys de Saint-Blaise et ses frères et sœurs donnent leur procuration à l'effet de bailler l'aveu et dénombrement au Roy, à cause de la terre de Brugny.

§ 3. — *23 août 1540 (sur parchemin).* — Aveu et dénombrement rendu par Loys de Saint-Blaise, tant en son nom qu'au nom de ses frères et sœurs, de la terre et seigneurie de Brugny relevant du roy à cause de sa seigneurie d'Epernay.

Nous allons en citer les parties les plus intéressantes que le parchemin encore bien net nous a permis de déchiffrer.

Cet aveu fait mention « du chastel, maison fort et pourprins dudit Brugny, clos de fossés et ponts-levis », d'une haute, moyenne et basse justice sur toute ladite terre de Brugny qui comprend quatre paroisses : Brugny, Vinay, Vaudancourt et Chavost. Et pour l'exercice de cette justice il y a à Brugny un juge appelé mayeur et des officiers tels que sergens, procureurs et greffiers. La cense du Jard, appartenant aux religieux de la Charmoie, relève de cette même justice.

Il faut citer, en continuant, le droit de grurie et pour l'exercice un juge gruyer qui tient à part sa juridiction au pays de Brugny et a sergens forestiers faisant exploits de grurie, « et si avons à ce moyen, est-il dit, droict de passaige sur chacun passant, charroyant bois de syage, coffres, bancs, selles, tout autre ménaige qui auroit été cyé, qui ne peut sortir hors les termes de notre dicte seigneurie de Brugny, sans payer ledict droict qui est de 2 sols 6 deniers pour chacun harnois où il y a bois de syrie, et davantage pour un harnois charroyant une meulle percée, 7 sols 6 deniers, et pour une meulle non percée, 5 sols, à peine de 60 sols d'amende.

» Le droit de glandée de la forest de Brugny, laquelle forest contient 2,500 ou 2,600 arpents, tenant d'une part aux terres et bâtis de Saint-Martin d'Ablois et au bois de Grairie et terres du bois l'Abbesse qui appartient aux Religieuses d'Avenay, d'autre part aux usages et terres du Baizil et terres de Montmort, aux bois et usages de Monthelon et aux terres d'une cense appelée Betain et appartenant aux Religieux de la Charmoie, et de toutes les autres parts aux terres du domaine de Brugny et aux terres tenues en censive du seigneur déclarant.

» En ladite forêt, il y a deux étangs et une fourrière ou carpière : l'un des dits étangs est nommé le petit étang au-dessous du grand et est presque entouré du terroir du Baizil.

» 335 arpents 57 verges de terres labourables en 10 pièces.

» 51 arpents 65 verges de pré en 5 pièces.

» 5 arpents 12 verges de vigne en 6 pièces.

» 3 pressoirs à vin banaux, l'un à Vinay, l'autre à Courcourt, et le troisième à Chavot.

» 3 moulins à bled banaux, l'un au-dessous de la chaussée de l'étang de Moussy, l'autre au-dessus de Vaudancourt, le troisième au-dessous et près le château dudit Brugny (le nom de ferme du Moulin en est demeuré à la ferme existant encore sur le même terroir, en contre-bas du château).

» Une garenne à Vaudancourt contenant 37 arpents.

» Une autre garenne, lieudit les Moussets, contenant 17 arpents. (Ces mêmes bois se nomment encore les Moussets, le Jard, etc.).

» Une autre garenne entre le château et la ferme, contenant 7 arpents.

» Un jardin entre la grange du château et ladite garenne, contenant 182 verges.

» Un clos derrière le colombier du château, dans lequel est la source de la fontaine, contenant 380 verges.

» Un jardin dedans lequel il y a deux petites fosses à poisson, attenant le jardin vis à vis le château, contenant en tout 250 verges.

» Autour du château, il y a environ 4 ou 6 arpents de savarts, remplis de rochers ou pierres.

» Un jardin nommé le Jeu de paume, contenant 155 verges, sis au village de Brugny.

» Une censive valant 163 livres 5 sols, portant lots et ventes à raison de 20 deniers tournois la livre, défaut, vesture et amendes de 60 sols tournois.

» Une censive en grains montant à 44 septiers, 5 boisseaux 3/8, mesure d'Epernay, à 16 boisseaux pour chaque septier; — par bled mestillon, 8 septiers, 6 boisseaux 2/8, mesure que dessus; — par avoine, 6 septiers 3/8, mesure que dessus.

» Une censive en volailles, 95 poules, 6 chapons par ménage.

» Une queue de vin de vinage.

» Droit de jurée sur les hommes et femmes.

» Droit de chasse à toutes bestes, chiens et oyseaux, comme à bestes fauves, noires et autres.

» Droit de rouage à Vinay, pour chaque charette chargée de vin.

» Fief dit de Moussy, seigneurie d'Esparnay, tenu ès mains du seigneur de Brugny, par faute d'homme, lequel peut valoir 10 ou 12 livres de censive. Chacun an se tient audit fief le siège de son mayeur.

» Droit de fours banaux à Brugny, Vinay, Chavot et Vaudancourt, de présent de nulle valeur.

» A cause de ladite seigneurie de Brugny, le tiers des dixmes des 3 villes de Champagne, lequel vaut 10 ou 12 livres.

» Maison à Esparnay et jardin, appelée vulgairement Maison de Brugny, avec un grand jardin derrière, joignant la muraille de ladite ville ; et 7 arpents de pré dit pré Dommange, au-dessous du pont d'Esparnay, plus 5 pièces de pré à Mardeuil.

» Toutes lesquelles choses, le seigneur de Brugny avoue tenir en foy, fief et hommage du Roy et lui en promet faire le service.

» A l'égard de ce dernier dénombrement, il est rendu le 12 janvier 1541 (sur parchemin), un arrest de la chambre des comptes, duquel il appert que Loys de Saint-Blaise a satisfait au dénombrement pour Brugny et Fontaine. »

Le contrôle, en outre, ne manquait pas à ces aveux et dénombrements, car nous voyons que, le 24 février 1541, vérification et publication de l'aveu et dénombrement de 1540 ont été faites en l'auditoire d'Espernay, de même que, le 4 juillet 1542, il a été dressé un acte de réception par la chambre des comptes de ce même aveu, d'après l'acte de vérification faite au bailliage d'Espernay, le 24 février 1541.

§ 4. — *31 janvier 1575 (sur parchemin)*. — Aveu et dénombrement fait à la Royne d'Ecosse de la terre et seigneurie de Brugny. Il ne diffère de l'aveu de 1540, que par certains détails en plus que nous allons indiquer :

« Droit aux fourches patibulaires, lesquelles sont établies sur la terre de Brugny. A propos de censives, — lesquelles redevances nous sont dues par nos hostes et sujets ès dits villages de Brugny et villages devant[1], déclarés pour cause de leurs demeurances ès dits villages et droit d'hostize susdit, et aussi pour cause des maisons et héritages comme terres, prés, vignes, par les détempteurs tenus de nous en censives étant ès dites seigneuries et à eux et leurs prédécesseurs par nos prédécesseurs seigneurs dudit Brugny, baillés à cette charge, et dont nous en avons titre ancien et charte valable.

» Droit de voirie, qui consiste en la propriété des arbres qui végètent sur les grands chemins.

» Droit d'empêcher de vendre les vins, si le seigneur n'en est prévenu. »

On doit bien penser que plus d'une fois, à la suite d'aveux et dénombrements, il s'éleva des contestations entre vassal et suzerain. C'est de la sorte qu'il intervint le 26 octobre 1550 (sur parchemin), un arrêt de la chambre des comptes pour la main-levée des terres de Brugny et dépendances.

Toujours dans le même ordre d'idées, on voit qu'il est donné quittance, pour lesdits seigneur et dame de Saint-Blaise, de ce qu'ils ont payé au roi pour droits seigneuriaux de leur moitié des terres de Brugny ; que le 12 janvier 1575 (sur parchemin) il est accordé main levée à Jacques et Jehanne de Saint-Blaise, en la chambre de la reine, pour la moitié des terres de Brugny, Chavost, etc.

C'est ici le lieu de placer la copie des plus importants fragments d'une composition faite avec le chancelier de la reine d'Ecosse, pour le relief de la terre de Brugny, dont moitié pour ledit Ogier et Jehanne de Saint-Blaise. Ce document, qui est sur parchemin, est d'autant plus curieux qu'il établit une partie des rapports qui existèrent entre notre contrée et Marie Stuart :

Composition faite avec le chancelier de la reine d'Ecosse pour Brugny.

« Marie par la grâce de Dieu, Royne d'Ecosse, douairière de France, duchesse de Tourainne, comtesse de Poictou et de

[1] C'est-à-dire avant Brugny.

Chaumont en Vassigny, dame d'Esparnay, Sainct-Dizier et de Saincte-Manehould, à tous ceulx qui ces présentes lettres verront, sçavoir faisons, Que le jour et datte de ces présentes est comparu Ogier de Sainct-Blaise, escuyer, sieur vicomte de Brugny, Vinay, Vaudencourt et Courcourt, à cause de dame Jehanne de Sainct-Blaise, sa femme. Lequel en la personne de Maistre Adrian Millesan, procureur, pour ce fondé de lettres de procuration, a fait ès-mains de notre très cher et féal chancelier, la foy et hommage et serment de fidélité qu'il estaict tenu nous faire et prester pour cause et raison de la moitié par indivis dudit vicomté de Brugny, Vinay, Vaudencourt et Courcourt, appartenances et dépendances escheues à ladicte Jehanne de Sainct-Blaise, sa femme, à tiltre successif de deffunct Louis de St-Blaise, son deffunct père, avecques le surplus de ladicte seigneurie, dont jouit de présent Blanche de Myremont, sa mère, à tiltre de douaire. Et de laquelle moitié ledit Ogier de Sainct-Blaise jouit de présent comme mary de ladite Jehanne. Le total d'icelle vicomté tenu et mouvant du roy et de nous, à cause de notre Chastel et Chastellenye d'Esparnay, à nous baillé et délaissé pour partir et l'assignat de nostre douaire. A quoy faire nous l'avons reçu et recevons sauf notre droict. Et désirant bien et favorablement traicter icelluy sieur de Sainct-Blaise pour les bons et agréables services qu'il et ses prédécesseurs nous ont faictz, lui avons modéré et aresté, modérons et arrestons par ces présentes, tout le droict de rellief, rachapt et profit de fief, droictz et debvoirs seigneuriaux à nous deulz et escheuz, pour cause du mariage de lui et de ladicte dame Jehanne sa femme, seullement selon la coustume du bailliage de Victry, audedans de laquelle est ladicte vicomté de Brugny, Vaudencourt et Courcourt, scituée et assise, à la somme de deux mille livres tournois..... laquelle il sera tenu mettre ès-mains de nostre amé et féal Trésorier général de nos Finances...... car tel est notre plaisir. Donné à Paris le cinquième jour de febvrier l'an mil cinq cent soixante-quinze.

» Par la Royne d'Ecosse douairière de France et la relation de son conseil.

» *Signé :* Dauclourt. »

22 avril 1575 (*sur parchemin*). — A la suite de cette composition, il fut donné main levée de la saisie faite de la terre de Brugny, en la chambre de la reine, pour moitié de ladite terre dont jouissait Blanche de Miremont, douairière de Brugny, remariée à Jacques d'Aspremont.

28 mars 1576 (*sur parchemin*). — Une autre main-levée fut donnée, c'est-à-dire celle de la moitié du relief de Brugny qui avait été payée à la reine d'Ecosse par Ogier et Jehanne de Saint-Blaise.

§ 5. — *26 juillet 1660*. — Il nous faut détacher de l'extrait de l'aveu et dénombrement du 11 septembre 1550, fourni à la chambre des comptes par Jacques de Saint-Blaise, seigneur de Changy, pour Brugny et Chavost, quelques points qui ne figurent pas dans les aveux et dénombrements précédents.

Ainsi nous voyons, au sujet d'une maison possédée à Epernay, des détails précis pour expliquer l'origine du nom de Rue de Brugny subsistant encore dans cette ville. Il est donc déclaré une maison à Epernay et jardin, dit l'hostel de Brugny, près les murailles, d'une contenance de deux arpents, un fossé à poisson hors la ville, un pressoir et 22 arpents de pré, même contrée.

Il est déclaré en outre 50 arpents de la forest de Montmort mis en labour et sur lesquels est bâti l'hôtel seigneurial de Dieudonné, du nom du fief lui-même. Les fondations de l'enceinte se voient encore en ce lieu.

§ 6. — *5 septembre 1675* (*sur parchemin*). — Nouvel aveu et dénombrement, rendu par messire Antoine de Mondésir, vicomte de Brugny, dans lequel on rencontrera divers points instructifs en droit féodal. Il y est dit que le seigneur exerce la justice avec droit de fourches patibulaires, carcan et prisons, pour l'exercice de laquelle justice, il y a un juge appelé bailli ; qu'il a droit de passage sur chacun passant, charroyant bois de sciage, coffres, buffets et autres meubles de menuiserie, etc. .., qu'il possède 5 fermes :

La Cense, au-dessus du château de Brugny (210 à 212 arpents),

La Grange Jablet (120 arpents),

Les Moussets (92 ou 95 arpents),

La Grange Lecomte (125 ou 130 arpents),

Dieudonné (150 ou 155 arpents).

Quatre pressoirs à vin banaux, dont deux à Chavost, un à Courcourt et le quatrième à Vaudancourt, auxquels pressoirs tous les sujets desdits lieux sont tenus de pressurer leurs vins à peine de 60 sols d'amende. La même obligation existait pour les moulins banaux déjà cités plus haut, à peine de 60 sols d'amende.

Qu'il a droit de censive sur toutes les maisons, vignes, terres, prés et autres héritages sis dans l'étendue de sa seigneurie vicomté de Brugny, lesdits cens portant lots et ventes de 20 deniers pour livres, deffaux, vêtures et amendes, payables lesdits cens à la Saint-Martin d'hyver et à faute par les acquéreurs desdits héritages de présenter leurs contrats d'échanges ou donations dans la huitaine suivante, ceux-ci doivent 60 sols d'amende et, à faute de payer la censive, 5 sols aussi d'amende.

Les quelles censives peuvent monter à la quantité de 100 ou 120 boisseaux de froment, 80 boisseaux d'avoine, 20 boisseaux de méteil, 10 ou 12 boisseaux de seigle, 25 poules, 15 chapons, 6 ou 7 vingt pintes de vin et 5 ou 6 vingt dix livres.

Qu'il a droit de jurée sur les hommes et femmes de Brugny, Vaudancourt, Courcourt et Chavot.

Droit de fours banaux aux mêmes villages.

Il est dit encore que nul des habitants desdits villages ne peut vendre vin ni mettre enseigne, sans la permission du seigneur ou de ses officiers de justice, à peine de 60 sols d'amende.

§ 7. — *12 août 1728* (*sur parchemin*). — Nous sommes arrivés au dernier aveu et dénombrement que nous ayons pu rencontrer. Rendu par Cézar de Maizières, il équivaut à peu de chose près aux précédents.

Le 7 novembre 1786, intervient une légalisation de l'acte de réception de l'aveu et dénombrement rendu en 1728.

Il ne nous faut pas quitter ces aveux et dénombrements, sans parler de certains droits fiscaux qui en ont été la suite.

Par exemple, le 14 décembre 1574, nous voyons donner quittance au seigneur et dame de Saint-Blaise, de ce qu'ils ont payé au roi pour droits seigneuriaux de la moitié de leurs terres.

Le 5 février 1637, il s'agit d'une autre quittance délivrée à messire Jacques de Saint-Blaise, seigneur de Brugny, pour son versement des droits de quint et requint.

Cette question de quint et requint nous amène tout naturellement à rapporter que, le 27 juin 1612, Louis XIII, roi de France, fit don à d'Arnoult, le nouveau grand-maître des eaux et forêts de Champagne, des quints, requints, droits de refiefs, qui étaient dus au roy, tant par Jeanne de Saint-Blaise, veuve de messire Ogier de Saint-Blaise, que par ledit de Saint-Blaise et ses héritiers, à cause des acquisitions par eux faites des terres de Dieudonné, Chavot, Vinay, Vaudancourt et Courcourt.

Comme ces mots de quint et requint pourraient sembler barbares, il n'est pas inutile d'en donner l'explication :

Le droit féodal de *quint* et *requint* prélevé soit sur une succession, soit sur une vente, valait la cinquième partie de cette succession ouverte, plus la cinquième partie de ce cinquième. On doit y voir en outre l'origine de nos droits de mutation par décès.

Le 30 mai 1656, par une sentence du tribunal des Trésoriers de France, le seigneur de Brugny est renvoyé de la demande faite contre lui pour fin de paiement de droits seigneuriaux et féodaux.

Le 29 novembre 1664, autre quittance ainsi conçue :

« Je soubsigné commissaire du Roy[1]. Contrôleur général du

1 Rien d'étonnant de trouver ce point dans le courant des phrases. Il se remarque dans les anciennes chartes, où il tient en quelque sorte lieu de notre virgule.

domaine de Sa Majesté en Champagne. Confesse avoir reçu comptant de messire Seigneur de Villeneufve et de Brugny. Et dame Guyonne de Saint-Blaise, auparavant vesve de monsieur le baron de Plancy, son Espouse. La somme de cent cinquante livres pour mon droit de sol pour livre. A cause du droit de relief, ou rassapt deus sur ladicte terre de Brugny et ses dépendances. par le remariage de ladite dame de Plancy avec ledit sieur de Villeneufve. Et laquelle somme de cent cinquante livres je me tiens comptant. Et s'acquittent lesdits sieur et dame. Fait le vingt neufiesme novembre mil six cent soixante quatre.

» Pour ladite somme de CL livres.

» *Signé :* Deschiens. »

25 avril 1708. Pour terminer ce chapitre, nous mentionnerons un acte par lequel messire de la Croix, seigneur comte de Brugny, se trouve déchargé des droits de francs fiefs auxquels on avait voulu l'imposer.

Toutes ces citations, nous le répétons, sembleront peut-être bien décousues ; mais enfin nous y avons apporté le plus d'ordre possible et nous espérons qu'elles suffiront à donner un aperçu de l'ancien droit féodal.

CHAPITRE V.

Donations, Partages, Échanges, Ventes et Baux relatifs à la terre et seigneurie de Brugny.

Le premier échange que nous découvrions eut lieu en 1320 ; c'est celui dont j'ai déjà parlé et qui se fit entre Robert de Flandres et Geoffroy de Naast.

Le *29 juillet 1547*, il est donné quittance sur parchemin, par messire de Cougny, écuyer, du prix de la vente par lui faite à la dame de Fiefes, dame de Brugny, des cens et surcens non désignés.

Ce fait ferait croire que messire de Cougny exerçait certains droits seigneuriaux sur la terre de Brugny. D'autre part, c'est la seule trace que nous ayons vue dans les archives, concernant cette dame de Fiefes.

Le *8 octobre 1490* (*sur parchemin*). — Nous sommes en présence d'une vente faite par Jean Gers, seigneur de Villers-aux-Bois, à Louis et Marguerite de Saint-Blaise, de tous les cens qu'il pouvait avoir tant sur Brugny que sur Chavot, lesquels étaient nommés d'ancienneté cens de Chevigny.

Puisque nous venons d'avancer ce terme de cens, quelle est sa signification ? Le cens était autrefois une rétribution perçue annuellement par un seigneur sur une personne ou sur une chose.

Nous reviendrons sur ce droit.

29 octobre 1501 (sur parchemin). — Mention est faite à cette date du partage entre Ogier de Saint-Blaise et Antoine de Mouy, à cause de dame Marguerite de Saint-Blaise, son épouse, des biens de la succession de messire Louis de Saint-Blaise, seigneur de Brugny.

25 avril 1548 (sur parchemin). — Nous voyons acquérir par le seigneur de Changy, Jacques de Saint-Blaise, d'Hector, son frère, seigneur de Poisy, 200 arpents de bois taillis, assis en la seigneurie de Brugny, à lui advenus par la succession d'Ogier de Saint-Blaise ; lesdits 200 arpents mouvants du roi, en une pièce, moyennant 4,000 livres.

19 février 1551. — Nous devons relater un échange entre Louis de Saint-Blaise, vicomte de Brugny et Jacques de Saint-Blaise, seigneur de Changy, son frère, par lequel échange ledit seigneur de Brugny a cédé audit sieur de Changy, le tiers de la seigneurie de Troissy, avec 600 arpents de bois en la forêt de Brugny. « C'est à sçavoir : 200 arpents acquis du sieur Poisy, Hector de Saint-Blaise, par ledit sieur de Changy, provenant de la succession d'Ogier de Saint-Blaise, leur père, tenant du long aux terres labourables de la cense des Marolles, paroisse de Saint-Martin d'Ablois, aboutissant d'un bout aux terres du Baizil, et tenant au Chêne-pouilleux ;

» *Item*, 200 arpents contigus et attenant à la pièce ci-dessus déclarée, appartenant au sieur de Changy, à la charge de l'usufruit pour Claude de Saint-Blaise, sa vie durant ;

» Et autres 200 arpents en ladite forest, audit sieur de Changy, par partages avec les susnommés. »

9 mai 1553. — Il est donné décharge générale au sieur Jacques de Saint-Blaise, seigneur de Changy, et demoiselle Catherine Dommartin, sa femme, par Hector, son frère, seigneur de Poisy ou Pouy, du prix de l'acquisition de 200 arpents de bois, dans la forest de Brugny, à prendre dans 400 arpents, en une pièce, dont ledit Jacques de Saint-Blaise est actuellement possesseur ; tenant d'un long à la forest de Montmort et d'autre long à la Grange-le-Comte.

7 juin 1553 (sur parchemin). — Echange par lequel le seigneur de Pouy cède au seigneur de Changy 100 arpents de bois en la forest de Brugny en toute justice, par suite du décès de feu Claude de Saint-Blaise, leur frère.

20 avril 1563 (sur parchemin). — Echange entre le seigneur de Changy, baron de Troissy, Jacques de Saint-Blaise et le sieur Loys d'Anglebelmer, seigneur de Lagny, et Jehanne de Saint-Blaise, sa femme, dame de Brugny, nièce dudit Jacques de Saint-Blaise ; par lequel ledit seigneur a cédé audit d'Anglebelmer, 100 arpents de bois, dans 600 arpents sis en la forest de Brugny, dont les 5 appartiennent à ladite Jehanne. En contr'-échange ledit d'Anglebelmer a cédé audit Jacques de Saint-Blaise 100 arpents de bois aussi en ladite forest.

19 mai 1563. — Les faits qui précèdent firent qu'on dressa un procès-verbal de bornage et séparation des limites des bois situés en la forêt de Brugny, appartenant à Louis d'Anglebelmer, seigneur en partie de Brugny, à cause de demoiselle Blanche de Myremont, son épouse.

4 juin 1564. — Autre échange entre le seigneur de Brugny et le seigneur de Pouy, par lequel échange le seigneur de Brugny a cédé audit seigneur de Pouy, tous ses droits sur les bois de Pouy et en contr'échange il lui a été cédé par ledit seigneur de Pouy 100 arpents de bois en la forest de Brugny.

Le *9 septembre 1573 (sur parchemin)*, nous passons à une donation dont la teneur nous a paru si intéressante, que nous l'avons copiée en grande partie.

Donation par Madame de Saint-Blaise d'Anglebelmer à Messire Oger de Saint-Blaise, de la terre de Brugny, etc. (9 septembre 1573).

« A tous ceulx qui ces pntes lres *(présentes lettres)* verront, Pierre Mongeot, escuier, licencié ès-lois, prévost de par le roy notre sire, en la prévosté de Vaucouleurs, salut. Sçavoir faisons que par devant Hector Tremol et Simon Duplessis, notaire

royal en ladite prévosté, comparut sa personne honorée dame Jehanne de Saint-Blaise, veuve de feu honoré Sagneux d'Anglebelmer, en son vivant seigneur de Lagny, Passy, etc... et chevalier de l'ordre du roy. Demeurant à Passy ; la douairière sienne dame et maîtresse et usant de ses droits. En témoignant de sa pure et franche amitié, sans force ni contrainte aulcune, sur ce bien conseillée et avisée, comme elle a dit avoir donné, ceddé, quitté et transporté et par quelles présentes donne, cède, quitte et transporte dès maintenant et pour toujours par donation pure et simple, irrévocable et faite entre dame Honoré Sagneux d'Anglebelmer et Oger de Sainct-Blaise, baron de Troissy, présent stippulant et ce acceptant pour luy, ses hoirs et ayans cause *le Chastel et maison Seigneurialle* de Brugny..........
..........................et le titre de la terre-seigneurie et vicomté dudit Brugny, Vinetz, Vadancourt, la Grange-le-Comte...... et généralement de toutes autres appartenances et dépendances d'icelle seigneurie de Brugny en quelques lieux qu'elles puissent être assises et situées, sans aulcune chose ny retenue ou réservée en quelque sorte ou manière que ce soit. | Pour par ledit seigneur donataire, ses hoirs et ayans cause en jouir en tous droictz de propriété-seigneurie, comme de chose à eulx propre *desdictz don*, cession et transport faictz par ladite dame donatrice, pour la bonne et singulière affection qu'elle porte au sieur Oger et aultrement parceque ainsy lui a pleu et plaist. | En considération aussi de ce que ladicte terre de Brugny, appartenances et dépendances d'icelle, vient et procède de l'ancien patrimoigne de la maison et famille de Saint-Blaise, dont les parties sont issues et de laquelle ledit seigneur Oger pourra à l'advenir estre le chef, en faveur et contemplâon (contemplation) de quoy, elle veult et entend que dès maintenant et pour tousiours à l'advenir l'exercice de la haute justice, juridiction, publications, proclamations et institutions, dossiers èsdictz lieux se face par ledict seigneur Oger et au nom seul d'iceluy, comme en semblable les reprises, foy et hommage des fiefs, mouvances de ladicte seigneurie et choses dépendantes desdictes reprises seront faictes à lui seul, demeurant néanltmoings le profit et revenu d'icelle justice et desdites mouvances,

pour les deux tiers à la dicte dame, ses hoirs ou ayans cause. — Et pour l'autre tiers au sieur donataire. »

15 avril 1639. — Nous devons citer à cette date, ne serait-ce que pour l'histoire strictement nobiliaire de la contrée, une vente faite par François de Saint-Blaise à Claude de Noël, escuyer, seigneur des Conardins (aujourd'hui dépendance de la commune de Moussy et se composant d'un moulin et d'une propriété bourgeoise bâtie sur l'emplacement de l'ancien château)[1]. Il s'agit de l'acquisition par ce seigneur de la ferme de la Grange-à-Bled, au prix de 1200 livres et 30 livres de cens annuel à servir au seigneur de Brugny.

Cette même Grange-à-Bled, appartenant encore à la terre de Brugny, a conservé son ancien nom.

4 janvier 1692 (*sur parchemin*). — Il est question ici d'une transaction. Cette dernière fait mention que la terre de Brugny échut par substitution à messire Claude de la Croix, en mai 1684, par le décès de feue dame Guyonne de Saint-Blaise, vivante femme en dernières noces de feu messire Antoine de Mondésir, comte de Villeneuve, etc... auparavant veuve de feu messire Claude de la Croix, vivant baron de Plancy, en conséquence de leur contrat de mariage devant Guichon et Thierson, notaires royaux à Epernay, le 13 avril 1643, et de l'arrêt rendu contradictoirement au parlement de Paris, le 21 juillet 1688, au profit de messire Claude de la Croix, fils de Baptiste Claude de la Croix et de Guyonne de Saint-Blaise, contre ledit sieur de Villeneuve et les légataires et créanciers d'icelle dame Guyonne, etc.

. . . .

15 juin 1695 (*sur parchemin*). — Nous allons parler d'un certain bail qui fut passé par-devant Patizel, notaire à Saint-

[1] La tradition rapporte que cet ancien château des Conardins fut acquis comme bien national, au moment de la Révolution, par le fameux Santerre. G. de la Landelle y fait d'ailleurs allusion dans son charmant récit intitulé : *Marie-Claire la quarteronne* (traditions de famille).

Martin-d'Ablois, entre Nicolas du Hautoy, garde-noble de Roch du Hautoy, seigneur de Brugny, son fils, et Jean Deschoquet le jeune, receveur du prieuré de Notre-Dame de Montléan, proche Montmirail.

Ce bail fait pour 6 ans, comprenait la jouissance de tout le domaine de Brugny, Vaudancourt, Courcourt et Chavot, savoir : sa part (à lui Roch du Hautoy) dans le château de Brugny où madame sa mère, veuve et douairière de messire Claude de la Croix, a son habitation ; — la jouissance des 5 fermes : Grosse-ferme ou cense, Grange-Jablaye, Grange-le-Comte, Dieudonné, les Moussayes, bâtiments et terres, prés en dépendant et ceux admodiés à Jean Chevalier et Pierre-les-Dambret demeurant à Oger ; — des moulins de l'Étang et de Brugny, vignes, pressoirs, étangs, fourrière de Dieudonné, canaux, — enfin de 6 coupes de bois, etc...... ....

CHAPITRE VI.

Variétés historiques sur Brugny ou autres pays liés à l'histoire du château de Brugny.

Nous mentionnerons d'abord le traité suivant, qui fut conclu entre M. de Châtillon, capitaine de Rheims, gouverneur de Château-Thierry et d'Epernay, et messire Guillaume de Saint-Mars, abbé d'Hautvillers, pour la reddition à l'obéissance du roi du château et forteresse de Brugny, qu'il tenait depuis longtemps de son frère Huet de Saint-Mars.

Nous allons citer de ce traité, qui fut conclu le 16 avril 1422, les passages principaux. Ils seront toute une peinture du style et des mœurs de l'époque :

« A tous ceulx qui ces présentes verront, Gaucher, seigneur de Chastillon, capitaine de Rheims, gouverneur des villes de Chasteau-Thierry et Esparnay et commis de par le roy mesme à recevoir touz les ennemis et adversaires d'iceluy, mais qui se vouldront rendre et mettre en son obéissance..... Faisons que pour le bien et salut du roy mon suzerain et afin que ses subjets estans et demeurans en la ville d'Esparnay et du pays environ, puissent labourer et marchander paisiblement et estre ramenés en leurs hostelz et domicilles semblablement, nous avons fait sommer et requérir par plusieurs le révérend père en Dieu, messire Guillaume de Saint-Mardz, abbé d'Hautvillers qui depuis longtemps a tenu et occupé la forteresse et maison de Brugny appartenant à Huet de Saint-Mardz, son frère, que icelle il rendeit et meist en l'obéissance du roy. Par quoy nous et ledit abbé..............

» Que ledit abbé rendra et baillera en nos mains pour et au nom du roy mon suzerain, ladite forteresse et maison dudit Brugny, pour icelle tenir et garder pour et de par le roy et d'icelle maison et forteresse fera partir toutes les ...... reçue dudit abbé et mise en nos mains comme dit est. Nous avons promis et promettons par ces pñtes par ma foy et sur mon honneur et icelle la tenir et garder bien et en icelle ne mettrons ni soutraiterons aucuns gens d'armes ni aultres qui fassent guerre, ne portent dommage au roy ni à ses pays et subjetz et d'icelle ne ferons guerre aucunement tant qu'elle sera en mes mains et gouvernement. Es mains dudit Huet ou de ses ayans cause, iceulx feront serment solennel de bien garder ladite maison pour et de par le roy et de ny remettre gens qui fassent guerre au roy ni à ses pays et subgetz et toutes ces choses certifions estre graves et promettons comme dessus à les tenir sans contrainte et tout sans mal aucun. En témoignage de ce nous les avons faites de mon scel et signées de mon seing manuel le seizième jour d'avril l'an mil quatre cent vingt-et-deux après Pâques.

Signé : Gr DE CHASTILLON. »

(sur parchemin).

Un non moins curieux document est un brevet du roi Henri IV qui octroie au seigneur de Brugny de tirer de l'arquebuse, etc., dans l'étendue de ses terres et dépendances, brevet dont nous donnons ici la copie en entier :

« Aujourd'huy 22me jour de novembre 1599, le Roy estant à Paris, voulant bien et favorablement traicter le sieur baron de Troissy[1], Sa Majesté luy a permis de tirer ou faire tirer par l'un des siens, de l'harquebuze ès l'étendue de ses terres et dépendances et pareillement aux loups, regnards, oyseaulx de rivières, pluviers, vanneaux et autre gibier non défendu par les ordonnances. Dispensé par le présent brevet qu'elle a signé de sa main, faict contresigner par moy son conseiller et secrétaire d'Etat.

» *Signé :* HENRY. »

[1] En même temps seigneur de Brugny.

Nous allons rapporter les fragments principaux d'une ordonnance enjoignant de communiquer au greffe de la Commission royale les titres de terres vaines et vagues, ainsi que la signification qui en fut faite au seigneur de Brugny :

« Les commissaires députez par le roy pour l'évaluation des terres, seigneuries et domaines délaissez par S. M. au feu sieur duc de Bouillon, liquidation des finances des engagistes, officiers et tous prétendans droits, et pour vérifier et juger les entreprises et usurpations faites ès dits domaines au préjudice de ladite Majesté. . . . . Avons ordonné et ordonnons que tous les acquéreurs, possesseurs et détempteurs de marais, préz, bois, buissons et autres terres vendues et aliénées souz le titre de terres vaines et vagues ès années 1585, 86, 87 et 88 par les sieurs Pretremol et Hennequin, Trésoriers de France à Chaalons, et autres commissaires députez pour lesdites ventes et aliénations dans l'étendue du Duché de Chasteau-Thierry, mentionnez en l'Estat de ce fait et dressé, et tous autres détempteurs et acquéreurs desdites terres, seront assignés à comparoir par-devant nous, à jour comptant, pour rapporter au greffe de notre commission les quittances, contracts et autres titres concernans les acquisitions d'icelles. »

Suit la signification ci-dessous :

« L'an 1665 le 18me jour du mois de juin, le sergent royal soussigné, résidant à Espernay, certifie qu'à la resqueste de M. le Procureur général de la Chambre des Comptes, j'ay signifié et laissé copie à messire Antoine de Mondésir, sieur de Villeneuve-sur-Seine, seigneur de Brugny et gouverneur du roi à Verdun, possesseur des bois de la seigneurie dudit Brugny,

» En parlant au dénommé à mon original à domicile, de l'ordonnance de MM. les commissaires députez par sa Majesté pour l'évaluation des domaines de Chasteau-Thierry, Chastillon-sur-Marne, Igny, Esparnay et autres lieux, dont copie est cy-dessus transcrite. . . . . . .

» Auquel sieur de Villeneuve parlant que dessus, j'ay donné assignation à estre et comparoir par-devant nos dits sieurs commissaires au chasteau de Chasteau-Thierry d'huy en huict jours, pour rapporter au greffe de ladite Commission les quittances, contracts et autres titres concernans les acquisitions d'icelles, aux fins portées par ledit arrest du Conseil et de ladite Commission, pour procéder à la recherche, vérification et retraict de plus, marais, prez, bois, buissons et autres terres vendues, etc...

» Fait despôt aux désnommés à mon original.

» *Signé :* T. BELLEVAL. »

Il ne sera pas sans intérêt de citer le commencement d'un acte de ratification qui nous fait connaître quelque peu l'abbaye de la Charmoye près Montmort.

Acte de ratification 28 novembre 1691.	G. de Champagne dix sols.	AVG. ou 3 S. 4 D.

« Aujourd'hui vingt-huitiesme du mois de novembre mil six cent quatre vingt-onze après midy, sont comparus ez personnes par-devant moi François Montel, notaire au bailliage, comté et pairie de Vertus, résidans à Montmort, soussignés et les témoins cy après nommez ;

» Le révérend père dom François Ythier, prieur de l'abbaye Nostre-Dame de la Charmoye, ordre de Cisteaux au diocèse de Chaalons, dom Nicolas Thonier, dom Claude Margaine, dom Benoist Drouot et dom Nicolas Lagnier, tous prêtres religieux ez ladite Abbaye, capitulairement assemblés au chapitre d'y-celle, au son de la cloche ez la manière accoutumée, lesquels après que lecture leur a été faite mot après autre par ledit notaire, présens lesdits témoins, d'une transaction passée entre messire Claude de la Croix, chevalier seigneur comte de Brugny, Chavot, Courcourt, Vaudancourt et autres lieux d'une part, et le révérend père en Dieu, dom Thomas Chevalier, docteur de Sorbonne, abbé de ladite abbaye, et dom Philippe Neveux, prestre religieux et procureur d'icelle d'autre part, par-devant Me Augustin Collet, notaire royal au bailliage d'Epernay et les temoins y dénommez, etc........ »

Le seigneur de Brugny (fait qui n'était point rare alors) était tenu de servir une rente aux cordeliers de Paris. Rien de plus intéressant que le document qui relate la fondation de cette rente. Il contient de plus des renseignements historiques précieux pour Brugny. En voici les passages les plus saillants :

« Le sieur Baras de Pradine, écuyer, conseiller du roi, commissaire ordinaire des guerres, demeurant à Paris, rue des Jardins, paroisse Saint-Paul, au nom et comme procureur de messire Claude de la Croix, chevalier comte de Brugny et autres lieux, a transigé avec les révérends pères cordeliers du grand couvent de Paris et convenu de donner annuellement 50 livres, aux conditions de faire dire, chanter et célébrer en la chapelle Saint-Roch, savoir : tous les vendredis de chaque semaine à 10 heures du matin une messe basse de *Requiem* ; plus le 9 mars, chaque année, à 7 heures du matin, une messe haute, de *Requiem* pour le repos des âmes de feus père et mère dudit comte de Brugny et ses ancestres, de lui et de madame son épouse, lorsqu'ils seront décédés. Il est à observer que par ledit acte ledit seigneur s'est réservé de nommer le cordelier qui dira lesdites messes. Dont César de Maizières a donné titre nouvel le 8 juillet 1754. »

Dans le contrat de fondation passé le 27 novembre 1688, pardevant divers cordeliers et les conseillers du roi, notaires au Châtelet de Paris, La Valette et Chenuel, il est dit que « le sieur comte de Brugny ayant une dévotion toute particulière pour le bienheureux saint Roch, tant de son mouvement et dévotion intérieur, qu'étant à ce incité comme étant descendu et le sixième petit fils de feu Geoffroy de la Croix, deuxième fils de feu Guillaume de la Croix, chevalier baron de Castres, gouverneur de Montpellier, lequel Geoffroy de la Croix fut le premier de sa famille qui s'établit en Champagne, fut baron de Plancy et trésorier général des guerres, sous les rois Charles VIII, Louis XII et François Ier de glorieuse mémoire et décéda le 9 mars 1515 ; étant issu de la race dudit bienheureux saint Roch, ainsi que de ce il appert tant par l'épitaphe dudit Geoffroy de la Croix, posée et étant en la chapelle de saint Roch, fondée et desservie en ladite église ès grand couvent des cordeliers de cette ville... à ces causes, il fit rétablir et embellir ladite chapelle de Saint-Roch, et fit la fondation de messes, comme il est dit ci-dessus. »

Il n'y avait pas que la rente aux Cordeliers de Paris ; d'autres étaient servies aux religieux minimes d'Epernay, de même qu'aux religieuses du couvent de l'Amour-Dieu de Montmirail. Pour les minimes elle était de 50 livres et dite rente annuelle et perpétuelle non rachetable. Par un titre du 17 janvier 1518, il est dit que les seigneurs de Brugny servaient une rente de dix livres tournois aux religieuses du couvent de l'Amour-Dieu.

Un acte de vente de vignes situées sur la seigneurie de Vinay, énumère les titres et qualités de seigneurs de la contrée ; nous en donnons ci-dessus la copie y relative :

« *11 mars 1775.* — Comparurent en personne messire Alexandre d'Arnoult, chevalier, seigneur de Passy-Grigny et fief des Portes et autres lieux, demeurant en son château audit Passy, tant en son nom que comme tuteur aux trois enfants mineurs de deffunt messire Jean Charles de Guérin, chevalier, seigneur de Bruslard, ancien capitaine de grenadiers au régiment de Picardie, chevalier de l'ordre royal et militaire de Saint-Louis, et de dame Victoire d'Arnoult, leurs père et mère, iceux mineurs par représentation de leur père seul et unique héritier de deffunt messire Claude Charles de Guérin de Bruslard, écuyer, leur oncle, décédé à Saint-Martin-d'Ablois, et par lesquels mineurs il s'est soumis et obligé de faire ratifier l'acte de vente dont va être parlé, etc..... »

A la date du 15 mars 1632, nous relevons une particularité curieuse, c'est la croyance à une mine d'argent dans la garenne des Moussets, dépendante de la seigneurie de Brugny. Une copie des dépositions faites à cet égard fut adressée à l'Intendant royal des mines. Il s'agissait d'un fragment métallique remis au jardinier, qui semblait être de bon argent et provenait de métaux existant dans le lieu susindiqué.

Nous avons cueilli au passage ce court renseignement sur des personnages nobles de l'époque de 1503. Nous voyons en effet relater que, le 26 avril 1503, il y eut lieu à sentence arbitrale entre les prieur et couvent de Saint-Pierre de Rueil, seigneurs de Wartysy-sur-Marne, et damoiselle Jehanne de Brye, veuve de feu Jehan Guédon, chevalier, en son vivant seigneur d'Esclavolles, dame de Saconnay, pour des bornes de seigneuries.

Nous citerons le passage suivant d'un mémoire pour la défense d'intérêts domaniaux, produit dans les premières années de la Révolution, par le ci-devant seigneur de Brugny :

« Il n'est pas étonnant que le ci-devant seigneur de Brugny ne puisse représenter tous les titres de ses propriétés, puisqu'il a essuyé deux incendies qui les ont presque tous détruits, le premier remontant au 19 juin 1650 et constaté par un procès-verbal dressé en présence de tous les habitants et signé d'eux ; le second occasionné par la destruction du régime féodal, a fait anéantir — ce qui est bien à la connaissance des habitants de Brugny comme des citoyens arbitres, — les principaux titres qu'avaient les ci-devant seigneur de Brugny, tels que les aveux et dénombrements, etc.... C'étaient leurs seuls titres de propriété pour le détail d'icelles ; ils n'en avaient et n'en ont que très peu de primordiaux, principalement d'acquisitions, puisque les renseignements écrits prouvent que depuis 5 à 600 ans la terre de Brugny n'a pas été aliénée, qu'elle est passée aux propriétaires, jusqu'à ceux de ce jour, par successions directes, collatérales, donations, etc...... »

Nous voyons en 1752, comme seigneur de Vauciennes, localité du canton d'Epernay, François-Jean-Marie Morel, écuyer, seigneur de Vitry-la-Ville, Vauciennes et autres lieux, président honoraire au présidial de Châlons.

Un acte de vente d'une maison située à Reims à haute et puissante dame Marie Anne Elisabeth de Maizières, veuve du marquis d'Estourmel, nous fait connaître divers personnages qui sont :

Jean-Baptiste Félix Lespagnol, chevalier, seigneur de Bezannes, Vaux-en-Champagne et Artaise, grand bailly de Vermandois ;

Les notaires gardes-notes et tabellions du roi en son bailliage du Vermandois, ressort du siège royal et présidial de Reims;

Dame Thomasse Clay, veuve de M. Jean-Baptiste Clicquot de Coincy, conseiller du roy, juge garde en la monnoye dudit Reims ;

Jean Vieillart, avocat en Parlement, docteur agrégé en la faculté des Droits de l'Université de Reims et procureur fiscal général des bailliage et police de Reims.

Parmi les charges et conditions du même acte, nous lisons :

« Comme aussi de payer les cens et droits seigneuriaux si aucuns sont dus sur lesdites maisons situées en la seigneurie de Monseigneur l'Archevêque duc de Reims et la contribution à laquelle lesdites maisons pourront être taxées pour les sacres de nos rois le cas échéant et ce pour l'avenir seulement.......»

CHAPITRE VII.

Détails historiques ou juridiques fournis par divers baux, permissions, censives, sentences, etc.

§ 1. — Nous voyons à une certaine époque donner facilement le nom de ville à ce qui ne serait aujourd'hui qu'un village bien modeste, et nous n'en voulons pour preuve que ce bail à cens du 17 mai 1595 :

« Bail à cens par noble homme Charles de la Ramée, seigneur de Changis, maître d'autel de Mgr le duc de Bourbon, tuteur et curateur d'Ogier et Marguerite de Saint-Blaise, enfans de feu Loys de Saint-Blaise, en son vivant seigneur de Brugny, à messire Jehan Morel, prestre, curé de Molins-les-Espernay, d'une maison assise en la ville de Vaudancourt en la seigneurie de Brugny, ensemble avec jardin derrière, tenant d'une part à l'aisance de ladite ville, etc.... [1] »

§ 2. — En 1540, les censives se montent en grains à 650 boisseaux de froment, mesure dudit Brugny, rendus au château dudit lieu.

94 boisseaux 1/2 de bled méteil,
112 — 1/4 d'avoine, même mesure,
117 poules et 3 chapons.

Les héritages de Vinetz donnent 83 boisseaux 3/4 demi quart de froment, 19 boisseaux d'avoine et 19 poules.

Ceux de Vaudancourt et Courcourt, 29 boisseaux et demi et

---

[1] Il est vrai que si l'on s'en rapporte à l'étendue de l'ancienne église, dont on voyait encore les ruines il y a une trentaine d'années, et à la tradition, ce village devait être très important.

demi-quart de froment, 7 boisseaux et demi méteillon, 2 boisseaux d'avoine et 3 poules.

Ceux de Chavot, 27 boisseaux 3/4 de froment, 5 boisseaux et demi d'avoine et 5 poules.

Et par les forains desdits villages, 68 boisseaux et demi et demi quart de froment, un boisseau méteillon, 24 boisseaux seigle, 5 boisseaux et demi d'avoine, 2 poules et 3 chapons.

Le tout payable à la Saint-Martin, à peine de 5 sols d'amende.

§ 3. — *28 avril 1564* (*sur parchemin*). — Bail à cens devant Lecointe et Brebyat, notaires à la prévosté d'Espernay, par Louis d'Anglebelmer, seigneur de Brugny, et damoiselle Jeanne de Saint-Blaise à Jacques de Mothomer, écuyer, gentilhomme ordinaire de la chambre, de 40 arpents et demi de terre, savarts, en une pièce au lieudit aux Graiz, terroir de Brugny, tenant d'un côté au grand chemin de la Vanchère-en-Brie, d'autre au chemin de la Grange-Jablois, d'un bout aux bailleurs et d'autre aux terres de la cense du Bois-l'Abbesse.

Une autre pièce contenant 20 arpents ou environ séant audit terroir en ladite seigneurie, vulgairemunt appelée la terre de la Cloisterie, tenant d'un côté au chemin conduisant dudit Brugny à la Grange-le-Comte, d'autre au chemin conduisant dudit Brugny au Bezy, d'un bout aux bailleurs, etc....., moyennant 5 sols tournois de cens par chacun arpent, icelui cens portant lots et ventes, deffaut, saisine et amendes.

§ 4. — *21 mars 1751* (*sur parchemin*). — Donation devant les mêmes par les mêmes au même d'une maison vulgairement appelée la maison de Breux, cour, jardin, accin et pourprins, contenant un arpent ou environ, tenant d'un côté au chemin conduisant dudit Brugny à la Franquotterie, d'autre à Balthazar Carlon et autres, d'un bout au prieur de Brugny[1] et d'autre à Edme Durand, à la charge de 2 sols tournois de cens, portant lots et ventes.

[1] La trace du prieuré se remarque dans la rue du haut du village, toujours dénommée à ce jour la rue de la Cense.

§ 5.— En 1631, un sieur de la Routte était seigneur de Vinay.

§ 6. — En 1634, il existait, comme dépendances de Brugny, deux hameaux dont il ne reste plus de trace; ce sont les hameaux de Vaucolin et des Pivants, qui contenaient un assez grand nombre de maisons, ainsi qu'en font foi différents baux de l'époque.

§ 7. — *5 Avril 1641.*— Sentence arbitrale sur compromis entre Guy Petit, écuyer, capitaine de la ville de Châlons, et Gérard Petit de Richebourg, appelans des sentences rendues par le bailly d'Epernay le 3 juillet et le 1er août 1630, d'une part, et le seigneur de Brugny d'autre part ; par laquelle sentence arbitrale lesdits Petit sont condamnés à « se faire inscrire au papier terrier que fait faire ledit seigneur pour les héritages dont est question ; à raison de ce que paient les héritages voisins, en payer les arrérages échus, 29 années avant la demande ; ensemble les autres qui sont depuis échus jusqu'à la Saint-Martin 1640 et iceux continués à l'avenir. »

§ 8. — *2 mai 1674.* — Sentence de la justice de Brugny qui condamne Edme Michel à payer au seigneur de Brugny 2/3 1/2 de poules — 10 pintes 1/2 chopine d'avoine — 24 boisseaux 2 pintes et chopine 1/2 chopine de bled méteil, un chapon et 10 livres 14 sols d'argent, pour une année d'arrérages de censives échues à la Saint-Martin.

§ 9. — *8 juillet 1675.* — Les pressoirs banaux et par suite les droits de pressoir étaient l'objet de mesures sévères et restrictives. Ce qui l'indique, c'est d'une part cette reconnaissance donnée sur papier timbré, par maître Ponce Maucourant, prestre, curé de Vaudancourt, demeurant à Courcourt, paroisse dudit Vandancourt, à messire de Mondésir et à dame Guyonne de Saint-Blaise son épouse qu'il n'a aucun droit de bâtir pressoir ni étiquet à Vaudancourt, Courcourt, ni ailleurs dans toute la vicomté de Brugny, dont lesdits seigneur et dame de Villeneufve ont droit de banalité et pressoirs banaux ; qu'il y est sujet, comme les autres, pour ses vignes, et qu'il promet d'en payer les droits de pressoirage ; que l'étiquet qu'il a fait faire dans sa maison n'est pas en droit ; qu'il l'a fait sur l'assurance que messire de Richecourt, fils de ladite dame de Villeneufve, et défunt Me Antoine Thierson, lui ont donnée que lesdits sieur et dame ne le trouveraient pas mauvais, pour son usage particulier, en se soumettant comme il a fait, de payer les droits de pressoirage, etc.

C'est, d'autre part, cette permission sur papier timbré accordée, le 24 juillet 1686, par messire Claude de la Croix, etc., Me Charles-Henry Adam, advocat en Parlement, demeurant à Chaalons, de bâtir un pressoir à cage dans sa maison de Courcourt et d'y pressoirer ses vins seulement,

A la charge de payer 45 francs par chaque arpent de vignes que lui, ou ses héritiers, a ou auraient sur lesdits terroirs de Brugny, Vaudancourt, Courcourt et Chavost, tous les ans, à commencer à la présente année, à la Saint-Martin, et donner les déclarations desdites terres.

Sans prétendre indemnité si messire de Boinville, comme tuteur de son enfant mineur, ayant quelque droit en ladite seigneurie de Brugny, n'approuvait pas le présent traité.

§ 10. — *8 juillet 1711.* — Sentence de la justice de Brugny qui condamne Marie-Anne Le Roux, veuve Pierre Henry, à payer au seigneur de Brugny la somme de 42 livres 8 sols 6 deniers pour 3 années de censives, à raison de 14 livres 2 sols 10 deniers par chaque année.

21 juillet 1711. — Sentence du bailliage d'Epernay, qui confirme celle du juge de Brugny ci-dessus.

§ 11. — En 1761, existait déjà l'usage de marner les terres, car, le 13 août de cette même année, le seigneur de Brugny passait marché avec un marneur pour marner 12 arpents de terre de la Grosse-Ferme.

§ 12. — Il ne sera pas sans intérêt de citer ici la formule propre à la nomination de bailli :

Provision de l'office de bailli de la terre de Brugny (16 juin 1720).

« Nous, César de Maizières, seigneur, comte de Brugny, Chavaux, Vaudancourt, Courcourt et Dieudonné, sur le louable rapport qui nous a esté fait de la personne de honorable homme, Me Louis Varnier, procureur au bailliage d'Espernay, de ses sens, suffisance, prudhomie, capacité au fait de la pratique, nous lui avons donné et octroyé, donnons et octroyons l'office de nostre bailly, de nos justices haute, moyenne et basse desdites terres et juge gruyer de nos bois dépendant d'icelle terre, pour en jouir et exercer ainsy qu'ont fait ou dû faire les précédans baillis.

» Enjoignons à nos autres juges et officiers de le reconnoistre.

» En foy de quoy nous avons signé ces présentes et fait apposer le scel de nos armes.

» Donné à Brugny, le 16 juin mille sept cent vingt.

» *Signé :* MAIZIÈRES. »

§ 13. — Un bail, en date du 1er août 1785, des celliers de Vaudancourt et de Courcourt, appartenant à madame la marquise d'Estourmel, dame de Brugny, fait mention d'un personnage qui, pendant la belle saison, venait habiter Pierry, dans la partie appelée Corrigot et qui dépendait alors de la paroisse de Montfélix, dont il est question plus bas.

Ce bail avait été fait entre ladite dame de Brugny et Jean-Charles Coquerel, négociant à Saint-Martin d'Ablois, représentant de M. Delattre d'Aubigny, prieur de Montfélix, et chanoine-vétéran de l'église de Reims, y demeurant, rue d'Anjou.

CHAPITRE VIII.

Bois de la terre de Brugny : Baux, Partages, Donations, Procédures ; documents administratifs et historiques à l'appui.

§ 1er. — *30 mai 1410* (*sur parchemin*). — Nous remarquons un acte par lequel Pierre Charrier, écuyer, advocat à Espernay, reconnaît que, quoique ses bêtes à laine aient pâturé sur le terroir de Brugny et dans les bois, cela ne peut donner aucun droit et qu'il n'a reçu ce pouvoir que du sieur Godefroy de Saint-Mars, seigneur dudit Brugny.

§ 2. — Citons un document de 1439 où le seigneur de Brugny, revendiquant la possession seul et pour le tout de tous les bâtis et usages de bois de Brugny, obtient gain de cause contre un appelé Regnaudin. Ce document commence ainsi :

« A tous ceulx qui ces présentes lettres verront ou oiront, Pierre Aubelin, licencié ès lois, garde du scel de la prévosté d'Espernay de par monseigneur le duc d'Orléans et de Valois, comte de Blois et de Beaumont, et seigneur de Coucy, Salut. Sachent tous que le quinzième jour de febvrier, l'an 1439, Jean Chevaillier et Jean Saulmez, clercs jurés de mondit seigneur le Duc, établis à cet effet en ladite prévosté, vivans, tenans et écrivans, mot après d'autres, une lettre de sentence donnée sous le scel de Givart de Bassolet, jadis bailly d'Espernay, parmi lesquels étaient inscripts certaines lettres d'approbance, du scel audit bailly, scellées sous le scel de ladite prévosté.

« Desquelles les teneurs cy-après s'en suit et premièrement desdites lettres de sentence ;

« A tous ceulx qui les présentes lettres verront et oiront, Givart de Bassolet, bailly de madame la duchesse d'Orléans, en ses terres de Champagne et de Blois, salut. Sur le destort de nouvel venûe en nos présentes assises, en cas d'opposition sur fait de saisine de possession, en cas de nouvelleté entre noble homme messire Gilles le Terriez, seigneur de Saint-Mars et de Brugny, chevalier, impétrant, demandeur, tant en son nom comme au nom et à cause de madame Béatrix de Nast, sa femme, d'une part, et Regnaudin-Allaux, opposant et deffendeur, d'autre part, pour raison de ce que ledit impétrant, au nom que dessus, se disoit être en saisine et possession seul et pour le tout, tant luy, comme par ses prédécesseurs dont il a cause à certain et juste titre à déclarer le métier étoit d'être seigneur et haut justicier, moyen et bas, seul et pour le tout, de tous les bâtis et usages de bois de Brugny à cause de sa seigneurie et justice dudit Brugny en saisine et possession, à cause de sa dite justice et seigneurie, de tenir en deffences contre touttes personnes qui esdits bâtis ont leurs usages et autres que nulz de quelqu'état qu'il soit ne peut ou par raison doit porter fin esdits bois et usages de bois pour scier aucune pièce de bois du travers ne du long, pour faire mairien à vin ne autre ouvrage de scie. En saisine et en possession de prenre et lever amande de soixante sols de tous ceulx qui esdits bâtis et usages de bois sont trouvés par ledit impétrant ou ses gens et officiers par luy ouvrans ou voulant ouvrer, de scier pour découper, transonner à ladite scie aucuns bois touttefois que les cas y aviennent. Et avec ce en saisine et possession de prenre et lever amande de soixante sols de touttes personnes qui esdits bâtis ont leurs usages lesquelles menent hors des mettez de la terre dudit Brugny en aucunes villes et lieux qui n'ont leurs usages esdits bâtis, vendre aucuns bois meirien à vin ou autres bois quelconques creû esdits bâtis et les chevaulx et quelqu'uns qui les menent ou seroient trouvés menans acquis audit impétrant touttefois qu'ils sont trouvés ou ratains chargéez des bois des dits bâtir et usages par ledit impétrant ou ses gens et officiers pour le mener hors comme dit est ; etc.... [1] »

§ 3. — En 1550, Jacques de Saint-Blaise déclare 600 arpents de bois tenant d'une part aux usages de Monthelon, d'autre part audit sieur de Saint-Blaise, d'un bout à la Grange-le-Comte et, d'autre bout à la forêt de Montmort, laquelle pièce était naguère en bois de haute futaye.

Environ 40 arpents encore de bois, et 50 arpents essartés et mis en labourage, sur lesquels ledit Saint-Blaise a fait bastir et ediffier une maison pour sa demeurance et hostel seigneurial appelé Dieudonné.

§ 4. — *22 avril 1554.* — Information par le gruyer, Jehan de Beaufort, écuyer, seigneur du Hasay, représenté par Jehan Potel, son lieutenant, pour deux arbres et autre bois coupé dans la forêt de Brugny.

Nous venons de citer ce fait, comme nous allons en citer d'autres, pour donner une idée de ce qu'était la procédure d'alors en matière de délits forestiers.

§ 5. — *30 avril 1647* (*sur parchemin*). — Arrêt du Parlement portant permission d'appeler en ladite cour de la cause d'entre le seigneur de Brugny, Jacques de Saint-Blaise et la communauté de Saint-Martin d'Ablois, comme ayant pris fait et cause d'un jugement du gruyer de Brugny contre un particulier de Saint-Martin qui avait coupé du bois dans les bois du seigneur de Brugny, attenant de ceux de Saint-Martin.

§. 6. — Nous allons donner les principaux passages d'un intéressant document qui met en cause le célèbre marquis de Louvois :

Extrait des registres du Conseil d'Etat relativement au droit de prendre dans les bois de Sa Majesté appelés « les grands et

[1] Le document reproduit ci-dessus, est des plus intéressants au point de vue des usages féodaux ; pour plus d'intelligence du texte, nous avons cru devoir ajouter la ponctuation dont il était absolument dépourvu.

les petits Bragny (Brugny) et la Curée », Gruerie de Châlons, le bois nécessaire aux titres dont il va être question, sur la requête de Le Tellier, marquis de Louvois.

« Sur la requête présentée au Roy en son conseil par le s[r] Le Tellier, conseiller de S. M. en ses conseils, secrétaire d'Etat et de ses commandements, marquis de Louvois, et à cause de dame Anne de Souvré, son épouse, seigneur de Saint-Loup, Lux et Varennes, contenant que ses prédécesseurs, seigneurs de ladite terre ont été de toute ancienneté, même dès le temps des ducs de Bourgogne, en possession de prendre dans les bois de S. M. appelés les grands et petits Bragny et la Curée, gruerie de Châlons, le bois nécessaire pour leur chauffage ès-dites terres et pour édifier et réparer ès châteaux et maisons d'icelles, du quel droit et possession ils ont obtenu des roys prédécesseurs de S. M. et d'elles, lettres de confirmation de temps en temps et particulièrement du roy Louis XII de l'an 1479, du roy Henry II de l'an 1548, du roi Henri III de l'an 1582, du roi Henri IV de l'an 1595, du roi père de S. M. de l'an 1639, et de S. M. de l'an 1664.

» Néanmoins sous prétexte de 2 arrêts du conseil des 21 novembre 1654 et 26 may 1655. . . . les officiers de la gruerie et maîtrise des Eaux et Forêts au bailliage de Chaalons refusèrent en l'année 1656 de faire délivrer à dame Catherine de Neufville, épouse du sieur de Souvré, ayeule de ladite épouse du s[r] de Louvois, lors dame de ladite Terre, de lui faire délivrance de son chauffage et de 30 pieds d'arbres nécessaires pour réparer lesdits châteaux et maisons, et ordonnèrent qu'elle se retirerait par devant S. M. pour lui être pourvu, ce que ladite dame n'aurait pu faire à cause de ses infirmités et déceds survenus, ni ladite dame épouse dudit sieur de Louvois, héritière de ladite dame de Souvré, pendant sa minorité, de manière qu'elle a été privée dudit droit d'usage pour chauffage et bastir appartenant à ladite terre et dont ces seigneurs étaient en possession de puis plus de 4 à 500 ans, en quoy elle souffre une perte notable. Requeroit qu'il plut à S. M., attendu qu'il appert desdits Titres et possessions et qu'il ne seroit raisonnable que ladite dame dont les père, ayeul, bisayeul et trisayeul ont eu l'honneur de servir les roys prédécesseurs et S. M. même dans les premières charges de l'Etat, fut privée d'un si beau droit, sous prétexte desdits arrêts rendus seulement pour empêcher les abus, il plut à S. M. lever et ôter les deffenses portées par lesdits arrêts du 21 novembre 1654 et 26 mai 1655, etc.

» Le Roy en son conseil, ayant égard ladite requête, a ordonné et ordonne que par le s^r de Mauroy, grand maître des Eaux et Forêts de Bourgogne, délivrance sera faite audit suppliant du bois nécessaire pour son chauffage ès dit château et maison, tant pour la présente année que pour l'avenir, ensemble du bois nécessaire à bastir et réparer ès dit château et maison suivant le devis qui en sera dressé par charpentiers convenus avec le procureur de S. M. par devant les officiers de ladite gruryе et maîtrise et nonobstant les deffenses portées par les arrêts précités et autres faites en conséquence, auxquels S. M. a dérogé pour ce regard : seulement et avant faire droit sur le surplus de ladite requête, ordonne S. M. que par ledit s^r. de Mauroy il sera adressé et envoyé au s^r Colbert, conseiller ordinaire au conseil Royal, intendant des Finances, procès verbal contenant la quantité d'arpens desdits bois du grand et petit Bragny et la Curée, l'état plante et âge d'iceux, ensemble son avis de l'utilité qui pourrait revenir à S. M. de la délivrance de certain nombre d'arpens dudit bois pour en jouir par ledit suppliant en pleine propriété et décharger le surplus desdits bois dudit droit d'usage, eu égard à la quantité et valeur dudit chauffage et bois à bastir et au plan desdits bois à délivrer en fonds, pour lesdit procès-verbal et avis vus et rapportés audit conseil être pourvus ainsi que de raison.

« Fait au conseil d'Etat du Roy tenu à Paris le 22 février 1663.

« Collationné.

« *Signé :* Cornely de Chausse Pierre. »

§ 7. — Il ne sera pas non plus inutile de suivre les péripéties d'une procédure en matière de délit forestier, ainsi qu'il résulta d'un différend avec les habitants de Saint-Martin d'Ablois pour bois indûment coupés. Cette procédure prit plusieurs années, de 1667 à 1670, et fut commencée par Antoine de Mondésir, seigneur de Brugny à cause de dame Guyonne de Saint-Blaise, son épouse.

Premier point du différend *11 mai 1667*. Rapport des délits commis dans la forest de Brugny par les habitants précités.

2eme. — *25 mai 1667* (*sur parchemin*). — Sentence de la Table de marbre du palais, à Paris, à la requête d'Antoine de Mondésir, qui ordonne une assemblée à tenir par les habitants de Saint-Martin d'Ablois, dans leur procès avec ledit seigneur ; le reçoit appelant ; fait défense auxdits habitants de couper les bois et donne pouvoir de faire assigner sur la demande, etc.

3eme. — *4 juillet 1667*. — Réponse signifiée des habitants de Saint-Martin d'Ablois, à la requête et arrêt précédent obtenu par le seigneur de Brugny.

4eme. — *17 août 1667* (*sur parchemin*). — Sentence contradictoire de la chambre de Marbre du Palais, à Paris, qui autorise les habitants de Saint-Martin d'Ablois à procéder à la vente des bois coupés seulement, et déposer l'argent entre les mains d'un notable, et défend de couper le surplus des 6 arpens de bois dont est question, à l'encontre d'Anthoine de Mondésir, seigneur de Brugny.

5eme. — *27 août 1667*. — Requête d'Anthoine de Mondésir, seigneur de Brugny, à la Table de Marbre du Palais, à Paris, pour demander qu'avant de procéder à la vente ordonnée par la sentence contradictoire du 17 août 1667, les bois coupés par les habitants de Saint-Martin, qui sont sur le côté, seront vus et visités par experts qui en feront rapport devant tel juge autre que ceux d'Epernay dont est appel.

6eme. — *31 août 1667*. – Sentence de la Table de Marbre du Palais, à Paris, qui ordonne visite des bois coupés par le maître particulier de la Maîtrise des Eaux et Forêts de Reims.

7ème. — *28 septembre 1667.* — Requête d'Anthoine de Mondésir audit maître particulier, à l'effet de faire assigner les habitants susdits et pour faire procéder à la visitation de ses bois.

8ème. — *6 octobre 1667.* — Sentence de la maîtrise des Eaux et Forêts de Reims, à l'effet de procéder à la visitation desdits bois.

9ème. — *12 octobre 1667.* — Procès-verbal de la visite faite par le maître particulier de la maîtrise des Eaux et Forêts de Reims, des bois coupés par les habitants de Saint-Martin d'Ablois et contestés par Anthoine de Mondésir, seigneur de Brugny.

11 janvier 1668. — Sentence interlocutoire de la Table de Marbre du Palais, à Paris, qui renvoie les parties à appointer, devant le Me particulier des Eaux et Forêts de Châtillon-sur-Marne.

15 février 1668. — Requête des habitants de Saint-Martin d'Ablois à M. le Me particulier des Eaux et Forêts de Chastillon-sur-Marne, pour le prier de se transporter à Saint-Martin et au Baizil, pour entendre sur les faits résultans de la commission ordonnée.

18 février 1668. — Requête d'Anthoine de Mondésir à M. le Me particulier des Eaux et Forêts de Châtillon-sur-Marne, à l'effet de demander à faire assigner les témoins devant lui, pour prouver que, de tout temps, ses auteurs sont en bonne et paisible possession des bois dont est question, abattus par les habitants de Saint-Martin.

27 février 1668. — Extrait du greffe des Eaux et Forêts de Châtillon-sur-Marne, contenant les dires et protestations des habitants de Saint-Martin contre l'enquête et audition des témoins, dans leur différend avec Anthoine de Mondésir.

27 février 1668. — Enquête contenant déposition de 8 à 9 témoins qui attestent que le seigneur de Brugny a toujours joui de la vente du différend et figurant aux registres du greffe des Eaux et Forêts de la prévôté de Châtillon-sur-Marne et montagnes de Reims.

28 février 1668. — Signification faite au seigneur de Brugny de la requête des habitants de Saint-Martin au maître particulier des Eaux et Forêts de Châtillon-sur-Marne, à l'effet de se transporter au hameau du Sourdon pour y entendre Gédéon Courault, écuyer, seigneur des Roches, en qualité de témoin (comme étant malade), sur le différend entre eux et Anthoine de Mondésir, seigneur de Brugny.

5 mai 1668 (*sur parchemin*). — Sentence par défaut rendue à la Table de Marbre du Palais, à Paris, qui ordonne la réception de l'appointement pour Anthoine de Mondésir contre les habitants de Saint-Martin non comparants.

30 mai 1668 (*sur parchemin*). — Sentence de la Table de Marbre, à Paris, qui reçoit l'appointement d'Anthoine de Mondésir, seigneur de Brugny, dans son différend avec les habitants de Saint-Martin, sans que les qualités puissent préjudicier.

1er juin 1668. — Requête d'Anth. de Mondésir, seigneur de Brugny, à la Table de marbre du Palais, à Paris, tendante à ce qu'il soit maintenu dans la propriété des bois en question, et les habitants de Saint-Martin condamnés à tous les dépens.

1er juin 1668. — Inventaire des pièces fournies à la table de marbre du Palais, à Paris par Anth. de Mondésir contre les habitants de Saint-Martin d'Ablois, contenant :

1° Procès-verbal fait, par-devant le lieutenant-général de Château-Thierry, entre dame Charlotte de Saint-Blaise, veuve de feu messire André de la Routte, et deffunt messire Jacques de Saint-Blaise, vicomte de Brugny, père de ladite dame de Villeneuve, portant reconnoissance du partage et bornage des bois de Brugny, distincts et séparés des usages de Saint-Martin, par des marques toutes visibles et par le grand chemin qui en fait la séparation.

2° Contrat du 14 novembre 1646, devant Thierson, notaire à Chavot, de vente par deffunt Jacques de Saint-Blaise à Scipion Moreau et Me Claude Guichon, de la vente du différend, contenant 60 arpens, ayant pour confins les bois joignant aussi, appartenant audit sieur de Brugny, qui sont l'objet du procès.

3 juillet 1668 (sur parchemin). — Acte de séjour pris à la Table de marbre du Palais, à Paris, par Anth. de Mondésir, pour la poursuite de l'instance qu'il a contre les habitants de Saint-Martin et les officiers dudit lieu, pris à partie.

20 juillet 1668. — Requête des habitants de Saint-Martin, d'Ablois, à la Chambre des comptes, pour avoir extrait des aveux-dénombremens rendus par les seigneurs de Brugny, dans leur procès intenté à Anth. de Mondésir, seigneur de Brugny; collationné et signifié.

3 septembre 1668. — Requête en contredit, à la Table de marbre du Palais, à Paris, par Anth. de Mondésir, seigneur de Brugny, contre la requête du 20 juillet 1668 des habitants de Saint-Martin, et en réponse à la production par les mêmes habitants des dénombremens de 1362 et 1550, de la terre de Brugny, relativement aux bois de ladite terre déclarés.

5 septembre 1668. — Sentence de la Table de marbre rendue entre le seigneur de Brugny, d'une part, et les habitants de Saint-Martin d'Ablois, d'autre part, sur ce que ces derniers avoient coupé sept quartiers de bois dans la forêt de Brugny, attenant à leurs usages, et qu'en conséquence, ayant été condamnés par le juge-gruyer de Brugny, ils en avoient appelé, de laquelle sentence suit le dispositif :

« Disons qu'il a été mal et nullement ordonné par le juge dudit Saint-Martin, bien appellé par l'appellant; qu'il a été bien jugé par le juge gruyer de Brugny, mal, sans grief, appellé par lesdits habitants ; ordonnons que ce dont est appel, sortira son plein et entier effet, etc..., ordonnons en outre que la somme provenant de la vente desdits sept quartiers de bois abattus, sera délivrée audit sieur de Mondésir, etc..... »

5 octobre 1668. — Requête de Anth. de Mondésir, à la Table de marbre, à l'effet de l'exécution de la sentence susdite.

10 octobre 1668 (sur parchemin). — Sentence de la Table de marbre, pour Anth. de Mondésir, seigneur de Brugny, contre les habitants de Saint-Martin, portant que, nonobstant l'appel, celle du 5 septembre sera exécutée, n'y s'agissant que de possessoire.

1er décembre 1668. — Acte d'offre contenant payement par Bachard, habitant de Saint-Martin d'Ablois, à Anth. de Mondésir, seigneur de Brugny ; et restitution de ses meubles.

27 août 1669 (sur parchemin). — Arrest du Parlement de Paris, entre Anth. de Mondésir, seigneur de Brugny, et les habitants de Saint-Martin d'Ablois, lequel ordonne le plan à faire, en présence du maître particulier de Châtillon-sur-Marne, des usages des habitants de Saint-Martin d'Ablois, etc .., et les bouts et côtés où seront désignés les six arpens commencés à abattre par lesdits habitants ; le chemin de la Croix-Saint-Sébastien prétendu, par ledit Mondésir, faire séparation de ses bois des usages desdits habitans, etc...

8 janvier 1670 (sur parchemin). — Arrêt du Parlement de Paris qui confirme celui du 27 aoust précédent, si ce n'est que le maître particulier de Villers-Cotterêts est substitué à celui de Châtillon-sur-Marne, pour ladite opération du plan figuré des usages de Saint-Martin d'Ablois.

20 mars 1670. — Requête d'Anth. de Mondésir au maître particulier des eaux et forêts de Vallois et Villers-Cotterêts, pour l'exécution de l'arrest du parlement de Paris du 27 aoust 1669, pour faire le plan des usages de Saint-Martin d'Ablois.

5 mai 1670. — Requête, à la première Chambre des enquêtes du Parlement de Paris, par Antoine de Mondésir, seigneur de Brugny, à l'effet que les habitants de Saint-Martin d'Ablois fournissent dans 3 jours leurs réponses et productions à Me de Machaut, rapporteur, pour l'exécution des arrêts interlocutoires des 27 aoust et 8 janvier derniers.

14 mai 1670. — Arrêt du Parlement de Paris qui ordonne que, faute, par les habitants de Saint-Martin d'Ablois, d'avoir remis leurs productions, il sera passé outre au jugement du procès pendant en la cour entre eux et Antoine de Mondésir, etc.

21 mai 1670. — Requête, à la première Chambre des enquêtes du Parlement de Paris, par Antoine de Mondésir, etc.... contre les habitants de Saint-Martin d'Ablois, tendante aux conclusions de l'arrêt du 14 mai 1670.

26 juin 1670. — Requête, à la première Chambre des enquêtes du Parlement de Paris, par Antoine de Mondésir, pour reprendre ses conclusions dans le procès contre les habitants de Saint-Martin d'Ablois.

12 juillet 1670. — Requête, au Parlement de Paris, par les habitants de Saint-Martin, dans leur affaire contre Anthoine de Mondésir, pour limites de leurs usages

16 juillet 1670.—Arrêt de la Cour du Parlement, qui ordonne la remise du procès-verbal de bornage du 20 avril 1657, produit par les habitants de Saint-Martin, par les habitants du Baizil, ou autres qui en seraient nantis, et du consentement d'Antoine de Mondésir, deffendeur, met la requête du demandeur au procès, pour, en jugeant, y avoir tel égard que de raison.

Enfin, le 4 août 1670, la Cour rend un arrêt définitif entièrement à l'avantage du seigneur de Brugny, qui clôt cette longue affaire de bois.

§ 8. — *1er août 1676.* — Commission de la Table de marbre du Palais, à Paris, sur requête de Claude de la Croix, pour informer sur le fait de la chasse à Brugny par divers particuliers, au préjudice du seigneur.

§ 9. — Nous croyons devoir, au point de vue de la forme, comme de l'histoire, donner le libellé final d'un « arrest du Conseil d'Estat, touchant la vente et exploitation des bois de haute fustaye appartenans aux particuliers (10 mars 1685) » :

« Louis, par la grâce de Dieu, roy de France et de Navarre, dauphin de Viennois, comte de Valentinois, Diois, Provence, Forcalquier et terres adjacentes : à nos amez et féaux conseillers en nos conseils, les sieurs grands-maîtres et commissaires par nous nommez aux départemens des Eaux et Forests des provinces de nostre royaume, salut. Nous vous mandons et enjoignons de tenir la main à l'exécution de l'arrest dont l'extrait est cy attaché sous le contre-scel de notre chancelerie, ce jour d'huy donné en notre conseil d'Estat, et de le faire lire, publier et afficher partout où besoin sera. Commandons au premier, nostre huissier, ou sergent, sur ce requis, de signifier ledit arrest à tous qu'il appartiendra, à ce qu'ils n'en prétendent cause d'ignorance, et faire pour l'entière exécution d'iceluy, publications et affiches, tous commandemens, sommations et autres actes et exploits requis et nécessaires, sans autre permission, nonobstant clameur de haro, chartre normande, et autres lettres à ce contraires. Voulons qu'aux copies dudit arrest et des présentes, collationnées par l'un de nos amez et féaux conseillers-secrétaires, foy soit ajoutée comme aux originaux : car tel est notre plaisir. Donné à Versailles, le dixième jour de mars, l'an de grâce 1685, et de notre règne le 42me.

Signé : par le roy-dauphin, comte de Provence, en son conseil : *BERRYER*.

Et scellé du grand sceau de cire rouge.

Collationné aux originaux par nous, conseiller-secrétaire du Roy, maison, couronne de France et de ses finances.

§ 10. — Permission à Cézar de Maizières, délivrée au greffe de la maîtrise particulière des Eaux et Forêts de Reims et d'Epernay, sur la demande de M. de Vinay, prévôt de la cathédrale de Reims, pour ledit seigneur de Brugny, de faire couper 1560 arbres, dont 1530, tant chênes que chêneaux, sur 70 arpens de taillis, et 30 chênes sur plusieurs buissons, situés en la paroisse de Brugny (5 novembre 1746).

§ 11. — Nous allons citer, toujours en vue d'instruire sur les usages du temps, un procès-verbal de martelage :

MAÎTRISE DE REIMS ET GRURIE DE BRUGNY. Ordinaire 1786.

20 octobre 1785

N° 284. **Marine du Roy**

Liasse 15.

N° 94.

Procès-verbal de martelage de la vente ordinaire de Brugny, dit la Briqueterie, appartenant à madame la marquise d'Estourmel, vendue au sieur Piéton, demeurant à Saint-Martin d'Ablois.

« Nous, ingénieur-constructeur ordinaire de la marine, chargé en chef de la visite et du martelage des bois pour le Roi, dans l'étendue des provinces de l'Isle de France, Picardie, Champagne, etc..., étant en tournée pour le service qui nous est confié, aurions fait procéder le dix-neuf octobre mil sept cent quatre vingt cinq, par le nommé Gahaignon, résidant à Dormans, contre-maître-charpentier des vaisseaux du roi, employé, sous nos ordres, au martelage de cinquante et huit arbres, dans la vente de l'ordinaire dépendante des bois de Brugny appartenant à madame la marquise d'Estourmel, et situés dans le ressort de la maîtrise de Reims et grurie de Brugny, lesquels cinquante et huit arbres, essence de chêne, propres, par leurs dimensions et qualités, aux constructions et radoubs des vaisseaux de Sa Majesté, ont été marqués au corps et à la racine du marteau de la marine, dont l'empreinte est ci-jointe, et ne pourront, par conséquent, sous quelque prétexte que ce soit, être abattus que pour le service de la marine, et dans les décours de lune, depuis le premier novembre jusqu'au quinze mars, sous peine, contre les contrevenans, d'être poursuivis suivant la rigueur des ordonnances ; et avons à cet effet déposé le présent procès-verbal au greffe de la Grurie de Brugny le 20 octobre 1785.

Signé : Marrier de Lagalinerie.
Signé : Gahaignon.

§ 12. — Pour terminer ce chapitre, nous allons donner connaissance d'une phase grotesque de procédure révolutionnaire.

Par jugement arbitral des sans-culottiers qui régnaient en maîtres dans la contrée, les communes de Loisy, Givry, Beaunay-en-Brie s'étaient emparées de 600 arpents de bois, dans la possession et propriété desquels un jugement du tribunal du département de la Marne (thermidor et fructidor an IV) vint rétablir l'ancien propriétaire, ci-devant seigneur d'Etoges.

Nous touchons donc à la fin de notre travail, que nous ne saurions mieux clôturer que par un hommage historique consacré à la maison de Clermont-Tonnerre.

CHAPITRE IX.

Brugny et la maison de Clermont-Tonnerre.

Peu de familles nobles ont à montrer de plus belles pages historiques que celles de la maison de Clermont-Tonnerre, dont un des membres est actuellement possesseur du château de Brugny.

Nous avons déjà dit que des deux filles de César de Maizières, mort en 1759, l'aînée, Anne, fut mariée au marquis d'Estourmel ; la seconde, Julie, épousa le marquis de Vignacourt.

A la première échurent le comté et le château de Brugny ; elle s'y éteignit en 1788. Elle-même laissa deux filles, dont l'aînée avait épousé le comte de la Vaulx, et la seconde, le comte de Flavigny. La dernière de ces sœurs, Victoire-Césarine d'Estourmel, fut mariée à Charles-Louis-Nicolas, marquis de Clermont-Tonnerre, et recueillit la terre de Brugny dans la succession de sa mère. Veuve en 1803, elle mourut le 26 janvier 1838, laissant pour héritier son fils unique, Amédée, marquis de Clermont-Tonnerre, qui céda, à son tour, en 1844, le domaine et le château de Brugny à Amédée-Gédéon, comte de Clermont-Tonnerre, marié à mademoiselle Nathalie du Rouret.

Aujourd'hui, c'est le frère du précédent qui est possesseur du domaine précité.

Si nous remontons à César de Maizières, nous voyons que cette famille se distingua dans les armes et qu'elle se rattacha par plus d'un lien au département de la Marne. Aussi citerons-nous à l'appui différentes circonstances de mariages ou successions :

« Le 3 avril 1714, il est question d'un contrat de mariage, par-devant Jacques Naudeau, notaire au bailliage et prévosté de Sézanne, entre messire Claude de Maizière de Maisoncelle, chevalier, fils de deffunt messire Augustin de Maizière, en son vivant chevalier, seigneur de Flavigny, et de dame Anne Dupuis, ses père et mère, — et damoiselle Catherine Linage, fille de deffunt messire Nicolas Linage, chevalier, seigneur de Morains, et de dame Anne de Lenharrée, ses père et mère, ladite dame aujourd'hui épouse de messire Jean-Baptiste-François Parchappe de Broussy, chevalier, seigneur du Fresne, capitaine au régiment de Picardie. Fait et passé au château de Broussy-le-Petit, en présence et du consentement de messire César de Maizières, chevalier, et dame Marie-Anne de Maizières, veuve de messire Roch du Hautoy, chevalier, seigneur de Brugny, frère et sœur dudit sieur futur ; de dame Anne de Hénault, veuve de messire Jacques du Bellay, chevalier, seigneur de Soizy-aux-Bois, ayeule maternelle de ladite damoiselle future, et de damoiselle Marie-Anne de Linage, sa sœur. »

Le 3 octobre 1748, autre contrat de mariage qui s'applique plus spécialement à notre histoire du château du Brugny :

« Par-devant le notaire royal au bailliage et prévosté d'Epernay, à la résidence de Chavot, en présence des témoins cy-après nommés, furent présents en personnes, haut et puissant seigneur, messire François-Louis d'Estourmel, chevalier, marquis d'Estourmel, chevalier de l'ordre royal et militaire de Saint-Louis, baron de Cappy, seigneur de Suzanne, etc...., veuf de haute et puissante dame Louise-Françoise-Geneviève Leveneur, demeurant ordinairement en son château de Suzanne en Picardie, étant ce jour au château de Brugny, d'une part ; — et mademoiselle Marie-Anne Elisabeth de Maizières, fille majeure de haut et puissant seigneur messire Cézar de Maizières, comte de Brugny, chevalier, seigneur de Vaudancourt, Chavot, Courcourt, Dieudonné, Beaupré en Thiérache, les Chaufours et autres lieux, et haute et puissante dame Jeanne de Condé, comtesse de Brugny, son épouse, ses père et mère, demeurans ordinairement en leur château de Brugny; dudit seigneur, comte et comtesse de Brugny, licenciée et autorisée à l'effet des présentes, laquelle licence ladite demoiselle a accepté et a pour agréable, et ladite dame, comtesse de Brugny, aussi licenciée et autorisée dudit seigneur comte de Brugny, son époux ; et en la présence de haut et puissant seigneur messire Claude de Maizières, chevalier, seigneur de Maisoncelle, Broussy, Morains, Flavigny, Connantray, baron d'Oger, oncle paternel de ladite demoiselle Marie-Anne Elisabeth de Maizières, et de haute et puissante dame Catherine de Linage, son épouse ; de haut et puissant seigneur messire Henri-François de Condé, chevalier, vicomte de Villers-Agron, seigneur de Lamotte, Bertin, Cœmy, Fleury et autres lieux, son oncle maternel, et de haute et puissante dame Marie-Thérèse du Barrail, son épouse, et de damoiselle Marie-Julie de Maizières, sa sœur ; et de haut et puissant seigneur messire Antoine du Barrail, abbé commandataire de l'abbaye de Nesles, diocèse de Troyes, et de haut et puissant seigneur messire Nicolas Parchappe de Vinay, docteur de Sorbonne, prieur, chanoine et official de l'église métropolitaine de Reims, qui ont dit que, pour parvenir au futur mariage espéré, à faire entre ledit seigneur, marquis d'Estourmel, et ladite demoiselle Anne-Elisabeth de Maizières, qui sera solennisé en face de Notre Mère Sainte Eglise catholique, apostolique et romaine, le plus tôt et commodément que faire se pourra, ont traités et accordés volontairement, par ces présentes, les conventions matrimoniales, ainsi qu'il suit....... »

Le 18 février 1769, il est procédé au partage de la succession de messire de Maizières de Maisoncelle :

Entre :

1° Messire Armand-François de Maizières, chevalier, seigneur de Broussy, chevalier de l'ordre royal et militaire de Saint-Louis, capitaine commandant une compagnie franche détachée pour le service du roy à l'Isle de Gorée, représenté par Jean-Claude-Louis Raussin, avocat en parlement, conseiller du roy, assesseur en la maréchaussée de Chaalons, y demeurant ;

2° Messire Claude-Armand de Maizières, chevalier, seigneur du Fresne, Fleury-la-Rivière en partie, capitaine réformé à la suite du régiment de Navarre, demeurant au château de Beauregard, paroisse de Fleury-la-Rivière ;

3° Jeanne-Catherine de Maizières de Broussy, demoiselle, demeurant à Chaalons ;

4° Marie-Jeanne-Françoise de Maizières, demoiselle, demeurant à Grauves, près Epernay ;

5° Sieur Pierre Demonchy, bourgeois, demeurant à Chaalons, et dame Marie-Hyacinthe de Maizières, de Connantray, son épouse, icelle dûment authorisée, héritiers et héritières des deffunts messire Claude de Maizières, chevalier, seigneur de Maisoncelle, et de dame Catherine de Linage, leurs père et mère.

Il est encore question, dans cet acte, d'une dame Anne-Marie de Maizières, de Saint-Cyr[1], qui s'est faite religieuse à l'abbaye de Vinetz, à Chaalons.

M. de Maizières de Maisoncelles habitait Grauves, sur le territoire duquel se trouvait son fief de Maisoncelles.

Abordons maintenant l'historique rapide de la maison de Clermont.

Le premier Clermont qui se détache de cette antique lignée, d'origine commune avec les comtes de Savoie, est Sibaut 1er, seigneur de Clermont en Dauphiné. On le suit de 1080 à 1094 ; il descendait, par sa mère, de l'empereur Henri III d'Allemagne.

Sibaut II vient ensuite. Sa longévité séculaire est relatée. Mais ce qui le distingua surtout, ce sont les services insignes que, de concert avec son frère Aynard, il rendit à la papauté représentée par Calixte II (1120). La reconnaissance de ce dernier se traduisit par une bulle contenant entre autres ce qui suit :

« Le Pape doit des remerciments à Aynard de Clermont, pour avoir conduit en Italie des troupes levées à ses frais, afin de le placer sur le trône pontifical, et de chasser l'usurpateur

[1] Appelée ainsi parce qu'elle avait été admise autrefois à la maison royale de Saint-Louis, à Saint-Cyr.

Bourdin, ce dernier soutenu par l'Empereur. Ses remerciements ne sont pas moindres pour Sibaud, son frère, son père et son aïeul, zélés défenseurs de l'église de Vienne. Aussi permet-il aux deux frères et à leurs descendants de toucher les reliques et les choses sacrées, sauf les vases servant au saint sacrifice de la messe ; mais à la condition de baiser les pieds du chef de l'Eglise, et de prononcer les paroles adressées par saint Pierre à Notre-Seigneur Jésus-Christ : « Quand bien même tous vous » nieraient, je ne vous nierai jamais. »

De plus, il modifia les armoiries de Clermont qui étaient : *De gueules au mont d'or éclairé par un soleil* ; par d'autres : *De gueules à deux clefs d'argent en sautoir*, avec la tiare pour cimier.

Ces privilèges furent confirmés, plus tard (1296), par le pape Boniface, à Aynard 1er de Clermont, petit-fils de Sibaud II.

Nous trouvons dans cet acte l'origine de la devise des Clermont-Tonnerre :

Etiamsi omnes, ego non.

Un fait important s'attache à Aynard II, seigneur de Clermont, car il est l'objet d'un traité avec Humbert 1er, dauphin, par lequel il est fait, lui et ses descendants, capitaines, souverains et chefs de la guerre delphinale, présidents des conseils des dauphins, avec l'honneur insigne de former toujours leur avant-garde, de venir après le dauphin pour avoir la priorité de logement, eux et leurs équipages, de rendre hommage au souverain, debout, tout armés, l'épée à la main. Or, l'on sait que l'hommage habituel se rendait désarmé et à genoux. Lorsque le Dauphiné fut réuni à la France, ces mêmes avantages leur ont été continués par nos rois.

Antoine II de Clermont s'illustre à Marignan (1515), à Pavie (1525).

Henri, duc de Clermont et de Tonnerre, assiste aux batailles de Jarnac, de Moncontour; il est tué au siège de la Rochelle (1573).

*

Charles-Henri de Clermont et François de Clermont se signalent aussi dans les guerres. Le dernier eut l'honneur de recevoir Louis XIV dans son château d'Ancy-le-Franc, en 1674.

Un autre, François de Clermont, fut évêque de Noyon (1661). Son talent oratoire, sa protection des gens de lettres le firent recevoir membre de l'Académie (1694), où il fonda un prix de poésie.

Gaspard de Clermont, de 1709 à 1747, prend part à toutes les batailles importantes : Oudenarde, Malplaquet, Fontenoy, etc. Doyen des maréchaux de France, il représente, en 1774, le connétable de France au sacre de Louis XVI. Mort à un âge avancé (1781), il comptait 73 ans de service, dont la majeure partie sous les drapeaux.

Charles-Henri-Jules de Clermont-Tonnerre, et Charles Gaspard, qui avaient aussi appartenu à l'armée, furent victimes de la Révolution française, dont le premier comme gouverneur de Grenoble.

Aimé-Marie Gaspard de Clermont-Tonnerre servit sous l'empire, devint ministre de la Marine (1821) et de la Guerre (1823). Son frère, Anne-Antoine-Jules de Clermont-Tonnerre, d'abord évêque de Châlons-sur-Marne, de 1782 à 1801, devenu ensuite archevêque de Toulouse et cardinal, laissa les plus beaux souvenirs dans sa ville archiépiscopale et invoqua l'antique devise de sa famille, lors des difficultés religieuses qui s'élevèrent sous le règne de Charles X.

Il nous faut citer au passage une branche dite de Clermont-Chatte, laquelle est éteinte ; elle donna (1660) un grand-maître à l'ordre de Saint-Jean de Jérusalem. Ses armes étaient bien *les clefs*, mais surmontées d'un *croissant d'argent*.

Philibert de Clermont, dit Montoison, forma une des branches les plus illustres, fut chambellan de Charles VIII et de Louis XII, et lieutenant-général pour le roi en Italie. Il prit une part considérable à la campagne d'Italie, au succès de laquelle il contribua plus que personne (1494-1495). Le haut fait de guerre suivant le prouve : Charles VIII, à la tête de 9,000 hommes seulement, s'était vu barrer le passage, près de Fornoue, par 40,000 combattants. Malgré des prodiges de bravoure, les Français pliaient déjà : « A la rescousse, Montoison ! » cria le roi à Philibert de Montoison qui était à l'avant-garde. Celui-ci, se précipitant alors avec furie sur les ennemis, fait une énorme trouée dans leurs rangs et ouvre ainsi passage à l'armée française. Grâce à cet effort, tout fut sauvé. C'est de ce moment que le cri de guerre prononcé par le roi de France devint la devise de cette branche de Clermont.

Le rôle de Philibert de Clermont ne se termina pas là, car il fit, avec Louis XII, la conquête du Milanais et de Naples, et s'illustra encore dans nombre de batailles. Il mourut en 1511.

Nous voyons plus tard son petit-fils Antoine II et son arrière-petit-fils François-Antoine s'illustrer également dans les guerres, notamment le dernier, mort en 1679.

Nous dirons, au sujet des Clermont-Mont-Saint-Jean, en Savoie, qu'une de leurs branches passa en Espagne (1271), sous le nom de Clarmont, avec cette différence dans les armes, qu'elle portait la tiare, non en cimier sur l'écu, mais en or, dans le champ, en chef des clefs. Elle s'attacha particulièrement à la Savoie.

Jacques II de Clermont-Mont-Saint-Jean, entré quelques temps avant la Révolution au service de la France et devenu citoyen français, fut envoyé, comme député de la noblesse du Bugey, aux Etats-Généraux. Sa belle conduite envers l'évêque de Belley, qu'il sauva dans une émeute, lui valut une lettre pleine d'éloges du pape Pie VII, dans laquelle il lui rappela qu'ils avaient une origine commune de maison, étant un *Chiaramonti* (Clermont).

Les nobles alliances se joignirent à tant d'illustrations :

Nous voyons deux filles de la maison de Clermont occuper les trônes de Sicile et de Naples. L'une, Constance, fille de Mainfroy de Clermont, amiral de Sicile, épousa Ladislas, roi de Sicile et de Jérusalem. Ladislas était issu de la maison d'Anjou et du sang de France. L'autre, Isabeau, fille de Tristan de Clermont et de Catherine des Ursins, fut l'épouse de Ferdinand d'Aragon, roi de Naples.

Marie de Bourbon, femme de Gaston, duc d'Orléans, descendait de Catherine de Clermont. Charlotte-Marguerite de Montmorency, femme de Henri de Bourbon, prince de Condé, était la petite-fille de Catherine de Clermont, marquise des Portes.

Henri, duc de Montmorency, connétable de France, épousa en remariage Laurence de Clermont (Montoison).

Claude-Catherine de Clermont fut la femme d'Albert de Gondi et l'aïeule de Henri de Gondi, duc de Retz. Tallemant des Réaux rapporte que Catherine de Clermont était si belle et si savante qu'elle put répondre aux harangues des ambassadeurs sous Henri III, en latin et en grec ; pour faire honneur aux Clermont, pendant toute la durée des fêtes du mariage de Catherine avec Albert de Gondi, la cour adopta les couleurs vertes, qui étaient celles de la livrée des Clermont. Le fameux et galant Bussy d'Amboise était Louis de Clermont.

La mère d'Emmanuel de Crussol, duc d'Uzès, était Françoise de Clermont.

La maison de Clermont entra par alliance dans bien d'autres illustres maisons. C'est ainsi que Geoffroy 1er épousa, au commencement du 16e siècle, Béatrix de Savoie ; que Philippe Aynard, dans le 18e, épousa Geneviève-Armande de la Rochefoucauld-Roye.

La maison de Clermont s'illustra également par les saints qu'elle compta et dont voici la liste :

Saint Amédée de Clermont, abbé de l'abbaye de Bonnevaux, où il s'était retiré, mort en 1150 ;

Saint Amédée de Clermont de Hauterive, fils du précédent, évêque et prince de Lausanne, tuteur du comte de Savoie et de l'Empereur ;

Saint Guerry, comte de Tonnerre, archevêque de Sens, mort en 708 ;

Saint Ebbon de Tonnerre, archevêque aussi de Sens, mort en 750 ;

Sainte Ingoure et sainte Léotérie de Tonnerre, religeuses bénédictines, mortes l'une en 740, l'autre en 745, au monastère de Saint-Pierrre-le-Vif ;

Saint Honobert de Clermont, archevêque de Sens, mort en 755;

Saint Ariulphe de Tonnerre succéda à saint Honobert sur le siège de Sens et mourut en 761 ;

Saint Thierry de Tonnerre, évêque d'Orléans, mort en 1020 ;

Saint Robert de Tonnerre, fondateur de l'ordre de Citeaux, mort en 1100 et canonisé en 1222 ;

Saint Guillaume de Tonnerre, archevêque de Bourges, mort en 1209, dont la mémoire y est encore honorée.

Le comte Gédéon de Clermont-Tonnerre, résidant actuellement à Brugny, descend de la branche établie, en 1521, en Picardie, à l'occasion du mariage de son ancêtre avec Gabrielle de Glisy Laval. Le père de ce dernier, Bernardin, vicomte de Tallard, époux d'Anne de Husson, comtesse de Tonnerre, est donc l'ancêtre commun, par ses deux fils, de la branche de Clermont-Tonnerre dite ducale, et de celle qui nous occupe ici. Son petit-fils, JuliendeClermont, épousa Claude de Rohan, cousine-germaine d'Anne de Bretagne, qui lui apporta la terre de Thoury, encore en la possession du frère du comte Gédéon de Clermont-Tonnerre.

Le marquis Amédée de Clermont-Tonnerre, qui hérita par sa mère de la terre de Brugny, si lettré et si savant, vit sa carrière militaire brisée en 1830, lorsqu'il commandait en second l'école d'application d'état-major.

Nous voici arrivé au terme de notre travail historique et généalogique. Puisse le lecteur, curieux du passé de notre France, y trouver l'intérêt qui nous a soutenu dans nos recherches ; c'est notre espoir et ce sera notre plus douce récompense !

P.-S. — Ce travail était terminé et allait être livré à l'impression, lorsque la mort si foudroyante de celui qui avait encouragé et aidé nos efforts, a suspendu momentanément notre publication !

Que le lecteur nous permette de joindre nos regrets, notre tribut d'admiration à l'éloge unanime que laisse à ses enfants, comme la meilleure part de l'héritage paternel, le souvenir de l'homme de bien, qui jouissait simplement et sincèrement des beautés de « son vieux Brugny, » comme aimait à l'appeler le regretté comte Gédéon de Clermont-Tonnerre !

La dédicace de ce travail à sa veuve désolée est encore un hommage rendu à la mémoire de celui qui reportait vers elle la plus grande partie des efforts faits pour conserver cette antique possession dans la famille, et lui rendre l'éclat qu'elle mérite de garder dans l'histoire de notre chère province de Brie et de Champagne.

APPENDICE

Tableau des noms des censitaires de Brugny, dénommés par l'aveu-dénombrement de 1540, dont quelques descendants existent encore soit à Brugny même, soit dans les environs.

Anthoine Villequin.
Aubert Jean.
Aubert Jacques.
Aubry Regnault.
Aubry Jean.
Authune Jean.
Bouthemy Pierre.
Bouthemy Jean.
Bernard-Hervé.
Bartheau Quentin.
Breton (les enfans).
Beaufort (héritiers de M. de).
Berjean Claude.
Barteau Mathurin.
Barteau Antoine.
Buchard Adrien.
Bourdon Jean.
Bernard-Tassin.
Boulart Damien.
Brice Andry.
Buchart Pasquier.
Brice-Gillet.
Buchart Guillaume.
Buchart Guillaume.
Brice Jean.
Brice Robert.
Courthoue Etienne.
Champenois, veuve Jean.
Clouet Denis.
Clouet Lambert.
Cavelier Raulin.
Champenois Jean.
Choupelin, veuve Pierre.
Collinette Jeanne.
Champenois Jean.
Clouet Bert.
Clouet Marin (les enfans).
Christophe Jacquet.
Chrétien Denis.
Choupelin-Gillet.
Descharneulx, veuve François.
Descharneulx Jean.

Descharneulx Pierre.
Descharneulx, le min[r] Laurent.
Desmetz, veuve Gillet.
Desmetz-Pasquier.
De La Goutte, veuve Jean.
Durant Denis.
Des Bouleaux.
De la Côte, veuve et héritiers Jean.
Delahaye Guillaume.
Delahaye Jean.
Desloches, veuve Jean.
D'argeant Jean.
Desprescaulx Jean.
Desmetz Michel.
Dumont Louis.
Dimanche Nicolas.
De La Noe Pierre.
Festie Pierre.
Fromantin Nicolas.
Griffon Henry.
Guillot-Lienard.
Godart, mineur Jean.
Guitton Toussaint.
Guitton Mathurin.
Hugot Etienne.
Hugot-Gillet.
Houssoye, veuve Jean.
Houssoye Laurent.
Houssoye Pierre.
Hannequin Jean.
Hannequin Mathy.
Hesselin Jean.
Juillyon Didier.
Jannel Guillaume.
Josienne Nicolas.
Josienne Blaise et Jeanne.
Jannel Richard.
Josmari Jean.
Jamyn Jean.
Logelot Bastien.
Le Roy Barthelemy.
Langlois Jean.
Langeard Raulin.
Léger Jean.
Le Tondeur Jean.
Le Tondeur Remy.
Le Roy-Gillet.
Le Roy, la veuve Robert.
Le Roy, la veuve et enf[ts] Robert.
Le Cocq Marin.
Logelot Vincent.
Le Roy-Gillet.
Logelot Simon.
La Touche Eloy.
Moreau Didier.
Moreau Jean.
Mailliard, Jean.
Moreau Louis.
Mabillon Jean.
Morguillet, veuve Jean.
Mory Jean.
Moreau, veuve Thomas.
Moreau Simon.
Michel Jean le jeune.
Michel Jean l'aîné.
Mahonne Catherine.
Martin Jaspart.
Mahonne Nicole.
Mace Jean.
Noël Simon.
Peudenffant Nicolas.
Peudenffant-Gillet.
Picot Didier.
Poisson Guillaume.
Peudenffant-Petit-Jean.
Pasquier Simon.
Poisson, veuve Jean.
Pidevert Claude.
Pochon Liénard.
Pouperon Pierre.
Renouart Berthelod.
Richard Antoine.
Richard Pierre.
Rochart François.
Salpétrier (les hérit[rs] Pierre).
Salpétrier Pierre.
Saugeron-Michelet.
Saugeron Nicolas.
Saugeron Jean.

Tissot Jean.
Viet Pierre.
Viet Claude.
Viet Toussaint.
Viet Didier.
Viet Jeanne.
Viet Jean.
Viet, veuve Pierre.
Xpien, veuve Michel.
Xpien, enfant Michel.

Châlons-sur-Marne, imp. T. Martin.

T. M.

www.ingramcontent.com/pod-product-compliance
Lightning Source LLC
LaVergne TN
LVHW020433230826
846091LV00004B/1478

* 9 7 8 2 0 1 6 1 6 0 4 7 3 *